Alice BERTHET

DIALOGUES INTÉRIEURS

NEVERS
IMPRIMERIE NOUVELLE "L'AVENIR" (ASSOC. OUV.)
4, Rue du Rivage, et 1, Rue du Pont-Cizeau

Dialogues Intérieurs

DU MÊME AUTEUR

La Vie et l'Œuvre poétique d'Élisabeth Browning (1904).

Les Proverbes Anglais, en collaboration avec G. de la Quesnerie (1906).

Contes à ma Filleule (1908).

L'Art et la Vie (1910, Union pour la Vérité).

Des Études critiques sur les Femmes-Poètes, dans Toutes les Lyres (IIe série, Gastein-Serge, édit., 1911).

Les Expériences d'Asthénéia au Jardin de la Connaissance (Gastein-Serge, 1911).

Au fond des Choses, poème en prose paru par fragments dans diverses revues (1912-13).

EN PRÉPARATION :

Conseils à Arrienne.
Dialogues Sceptiques.

Alice BERTHET

—

DIALOGUES INTÉRIEURS

—

NEVERS
IMPRIMERIE NOUVELLE " L'AVENIR " (ASSOC. OUV.)
4, Rue du Rivage, et 1, Rue du Pont-Cizeau
—
1913

Tous droits de reproduction et de traduction réservés pour tous pays, y compris la Suède, la Norvège, le Danemark et la Hollande : : :

Dialogues Intérieurs

Quelquefois, quand le fil multicolore des heures alentit son vertigineux déroulement, et qu'en la vivante solitude fait halte un instant la course futile que d'autres nomment la vie, j'ai écouté la querelle de mes âmes. A leurs voix souvent se mêlent celles des penseurs qu'elles aiment, voix qui déconcertent les unes et éveillent les autres encore somnolentes. Et j'ai essayé de traduire en paroles humaines la langue riche et sonore, bien connue de tous ceux qui savent l'écouter au fond d'eux-mêmes.

Je n'ai pas voilé sous des noms supposés les philosophes, vivants ou morts, qui ont pris part à ces dialogues, car j'ai toujours cité exactement leurs paroles. Mais il m'a plu de personnifier mes âmes. J'appelle ANDREIA mon âme vaillante et fière, celle qui entreprend et qui conduit ; MENIPPA, l'âme sceptique, joyeuse et forte, prompte à rire de tout, et d'elle-même ; NOERA, celle qui comprend ; MERIMNE, celle qui doute ; enfin DIPSERA, ma pauvre âme d'amour, douloureusement assoiffée de tendresse. Mes âmes animales ont rarement parlé, c'est pourquoi je les ai laissées anonymes.

Présentation. Premier Dialogue

La mer, au large. Toutes les âmes qui composent l'équipage d'une embarcation fragile sont groupées autour d'Andreia. Celle-ci, debout, dans une attitude fière mais lassée, examine anxieusement l'horizon.

ANDREIA. — Mes sœurs, mes brebis, comprenez-moi et expliquez-moi à moi-même. Je ne puis vivre comme d'autres, en m'ignorant. Je vous ai guidées, ferme et confiante, sur l'océan de la Destinée. Notre petite barque était, me semblait-il, facile à conduire. J'étais aidée par des vents puissants et voguais vers des cieux certains. Le Devoir, l'espoir de la Sagesse et les autres illusions, soufflaient dans mes voiles, et la tendresse des êtres que j'aime. Et mes voiles joyeusement s'enflaient, méprisantes des lames hostiles. Et vous m'étiez dociles, et les autres esquifs admiraient la rectitude de notre sillage. Mais de rudes tempêtes ont désemparé la petite barque, à présent chavirante et à demi-brisée. Je ne sais plus vers quel port mettre le cap.

Merimne. — Que dis-tu ? S'il n'y a point de port ?

Menippa. — Mais pourquoi vous en tourmentez-vous ? La vie est simple. Que ne sommes-nous simples ? Voyez l'enfant, joyeux d'une mouche qui vole, l'homme des champs qui salue d'une gaie chanson, au retour du labeur, l'arome de la soupe fumante ; voyez l'oiseau, la fleur, accomplir sereinement la mission qu'ils ignorent. Tous ceux-là se demandent-ils pourquoi ils vivent ?

Merimne. — Mais vivent-ils ? Vit-on quand on est inconscient de la vie ?

Andreia. — Moi, je ne puis ainsi flotter à la dérive. Je veux me trouver, et reprendre en main le gouvernail. Laquelle de vous m'aidera? Sur laquelle dois-je compter?

DIPSERA. — Aime-moi. Si tu ne m'aimes, qui donc m'aimera? Et il faut que je sois aimée.

MENIPPA. — Quel appui pour toi, ô Andreia, notre énergie, que cette enfant aux larmes trop prompte! Sans moi, elle t'attendrirait, et nous serions toutes couchées dans la détresse des chagrins stériles.

MERIMNE. — Je suis ta vie. Sans mon inquiétude, tu ne serais pas, car l'être qui consent à vivre quelconque, indifférent et résigné, n'est pas vivant. C'est le doute perpétuel par lequel je te tourmente qui te pousse à chercher le Mieux et à nous y diriger.

ANDREIA. — Et toi, ma Noera, tu gardes le silence, car tu sais pour toi mon amour, toi qui ne m'as donné que des joies. O Intelligence, tu es ma joie! Tu es celle qui console de vivre, celle qui me facilite le douloureux effort. Quand, perdue dans les tourbillons où Merimne m'entraîne, troublée par les pleurs de Dipsera, je sens ma force me fuir, tu parais, ô chère lumière, et soudain se dissipent les ténèbres de l'incertitude, les taches dont les douleurs obscurcissent la surface brillante de mon vouloir. Chère débrouilleuse d'écheveaux, chère solutionneuse d'énigmes, c'est toi que je veux aimer.

Dipsera. — Ne sois pas si injuste pour moi. Ne t'ai-je jamais donné de joies ?

Andreia. — Oh ! les peines qui suivent ces joies ! Tu es, chère âme, une jeune Danaïde qui se tord les bras de désespoir, en voyant l'amour qu'elle verse inlassablement ne jamais trouver le fond d'un cœur, où à son tour elle puisse le recueillir et s'en désaltérer.

Dipsera. — Il n'est pas vrai que Noera ne te donne que des joies. Elle ne peut tout comprendre, elle ne pourra jamais tout savoir.

Noera. — Mais la joie de chercher à comprendre ! Mais la joie de comprendre après avoir cherché ! Partons donc seules, ô Andreia, laisse périr celles qui te font souffrir. La vie intellectuelle seule compte ; les couples enlacés se désenlacent et passent, les êtres aimés meurent et passent, seule ma vérité ne passe pas. Seule je suis libre des chaînes de l'être et de la génération, seule je fais œuvre qui dure. Car ce qui perpétue le monde, ce n'est pas l'Amour qui jamais ne fond les âmes, c'est l'Intelligence qui sème, féconde et multiplie les Idées. Les Idées seules sont vivantes.

Voix de Maeterlinck. — Nous vivons tous dans le sublime. Où donc voulez-vous que nous vivions ? Il n'y a pas d'autre endroit de la Vie.

Andreia. — Je ne puis abandonner Dipsera. Elle souffre, et sa souffrance est nécessaire aussi à mon épanouissement. Il est vrai que parfois elle me vainc et m'humilie, mais d'autres fois j'ai l'orgueil de la maîtriser. Je veux, non l'étouffer, mais me servir d'elle.

Noera. — Nous sommes, Dipsera et moi, des forces opposées et inconciliables. La femme doit choisir entre son cœur et sa pensée. Ne crois pas que tu puisses retrouver ton équilibre, en nous laissant à toutes deux une importance égale. J'aspire aux hauteurs solitaires, elle s'attarde dans les vallées humaines. Je m'éprends des pensées, car seules les pensées valent d'être aimées : elle réclame la tendresse des humains. Entre elle et moi constamment balancée, tu seras toujours inharmonique et instable. Tu es femme, il faut donc choisir : sois celle qui vit par et pour l'amour, je m'effacerai et disparaîtrai pour ne pas nuire à ta vie nouvelle ; ou laisse Dipsera à ses soupirs et viens avec moi dans la tour d'ivoire.

Andreia. — Il est trop tard, chère. C'est toi que j'ai choisie, et c'est pourquoi souffre Dipsera. Mais sans l'une de vous je ne serais plus. Il me faut, pour être moi, pour me comprendre et me réaliser, votre lutte qui me déchire et où sombra ma jeunesse. Demeurons donc unies, je vous accepte toutes, et j'essayerai, de vos dissonances, de créer mon harmonie. Cherchons ensemble le but, le sens de notre vie, cherchons le havre sûr où jeter l'ancre pour jamais.

Première Partie

DOUTES

Deuxième Dialogue

—

Le désir du Bonheur est en moi. Est-il l'indice de la route à suivre, ou l'appât dont m'attire le Pêcheur d'Ames pour que j'échappe à ma mission ?

Andreia. — Sera-ce le Bonheur ?

Toutes. — Oui, oui, nous voulons le Bonheur.

Noera. — Mais qu'est-ce que le Bonheur ?

L'embarcation aborde à un continent très peuplé, celui des chercheurs de Bonheur. Il est divisé en régions minières où tous les immigrés se dispersent, chacun selon son choix, pour exploiter les filons découverts. A l'arrivée, les Ames sont assaillies par une foule bariolée et bruyante. On les poursuit, on les hèle dans mille directions différentes : Par ici, par ici... moi ! moi !... Ce sont, vêtus de costumes de toutes les époques, et parlant toutes les langues, les marchands de Bonheur. Chacun veut les

entraîner vers sa mine ; les uns déploient des
étoffes et des bijoux, dont leur région abonde,
d'autres font passer des vues cinématographi-
ques : ici une orgie romaine, des corps emmêlés,
vautrés sur les triclinia, dans l'atmosphère
lourde d'odeurs de victuailles, de parfums vio-
lents et de relents humains, tandis que du
velum tombe la pluie des roses ; et les Ames se
détournent avec dégoût ; là, Tristan et Ysolde
échangent leurs âmes sur leurs lèvres ; plus
loin, dans un abri profond et délicieusement
intime, le groupe décrit par Albert Samain :

> Le père au large front, qui vit parmi les dieux,
> Laissant le livre antique, un instant considère,
> Double miroir d'amour, l'enfant avec la mère,
> Et dans la chambre sainte où bat un triple cœur,
> Adore la présence auguste du bonheur.

Du pays lui-même les Ames aperçoivent, dans
un jardin planté de calmes cyprès, un homme
au beau front lumineux étendu sur un banc de
mousse. Autour de lui, ses amis, hommes et
femmes, tous beaux et souriants, groupés dans
des attitudes élégantes, devisent aimablement :
ce sont les Épicuriens.

Du côté opposé, une route monte à une colline où se dresse un calvaire. Un cloître, sur le
bord de la route, enferme un autre jardin, lui
aussi planté de cyprès ; mais le ciel plus nua-
geux donne à ces arbres un aspect sombre,
menaçant et rigide. Des femmes pâles, vêtues
de blanc, arrosent des fleurs sur des tombes ;
puis elles vont à pas menus s'agenouiller sur le
bord, et se prosternent en silence. L'une d'elles,

pâmée, se renverse, embrassant une croix. Une paix étrange, comme morbide, est diffusée dans cette vision. Toujours à petits pas, sagement béates, elles rentrent derrière leurs grilles et disparaissent. Plus haut que le cloître, un vieillard dans une grotte médite devant des ossements en croix, la Bible ouverte sur sa table.

Et au-delà du Calvaire, dans la forêt aux épaisseurs occultes, l'Anachorète desséché, drapé dans son haillon sublime, contemple d'un œil fixe le Vide.

En face de la colline du Calvaire et plus haut, se dresse une montagne ardue que gravissent énergiquement, le sourcil froncé, des esclaves grecs. Celui qui les conduit est boiteux.

Les Ames sont encore sur la falaise, contemplant hésitantes l'ensemble du paysage, et diversement attirées. Les animales se sont laissées arrêter par les marchands et supplient Andreia de leur permettre d'approcher.

ANDREIA, *aux animales.* — Silence !

NOERA. — Prends garde, noble patricienne qui crois tenir ces pauvres esclaves dans ta main de fer. Crains les brutales, les terribles révoltes des plèbes ! Si un jour elles étaient d'accord, tu serais la plus faible. Souviens-toi des heures sombres où tu fus humiliée, et te courbas devant leur force et leur nombre. Parce que toujours tu vainquis, crois-tu donc à l'infaillible victoire ? Sans doute nos joies ne seront pas leurs joies. Mais prends garde, si ton dédain refuse de les satisfaire, que leurs cris, expressifs de leurs faims misérables, ne troublent tes royales félicités. Es-tu sûre que sans elles et contre elles tu puisses parvenir au Bonheur ?

Andreia, *aux âmes animales.* — Peut-être puis-je concilier mon bonheur avec le vôtre. Que demandez-vous ?

Une ame animale. — Je veux les choses jolies qui réjouissent les regards ; je veux être le joyau que sertit le luxe des étoffes, l'élégance des demeures...

Menippa. — Ah ! Ah ! Et l'insolence des laquais.

Une autre ame animale. — Un joyau ? Oh ! je veux la splendeur des joyaux ! Oh ! des pierres, des pierres, des pierres ! Je veux l'irréalité captivante des aigues-marines, le regard mystérieux, inquiétant des opales ; je veux les larmes des perles, le rire joyeux des chrysoprases ; je veux sur la peau le baiser frais, puis ardent, du corail ; je veux les fières topazes, le sourire enfantin du saphir, les béryls, évocateurs de mers étranges, les corindons pervers, les rubis passionnés, les douloureuses améthystes ; et que le ruissellement de ces gemmes jaillisse, mille fois multiplié, dans les facettes des diamants !

Menippa. — Vanité des vanités !

D'autres ames animales. — Moi je veux les parfums ! — Et moi je veux la douceur des climats ! — Moi, voyager, voyager sans cesse ! — Moi, le repos, le doux sommeil sans rêves que nous avons oublié, depuis les heures calmes de l'ignorante enfance ! — Et moi...

Andreia. — Assez ! Leurs désirs sont absurdes et contradictoires.

Toutes les ames animales. — Il nous faut de l'argent, de l'argent, de l'argent !

Dipsera. — N'ont-elles pas raison ? La fortune n'est-elle pas nécessaire, ou tout au moins utile au Bonheur ?

Merimne. — Les soucis matériels augmentent ma fièvre.

Dipsera. — Et il faut la richesse pour faire le bien. Or, faire le bien est un moyen d'être aimé. Ah ! si j'avais tout l'or que réclament leurs extravagants désirs, je sais comme je l'emploierais !

Noera. — Si j'avais ? Mais il s'agit d'être heureuses avec ce que nous avons, et non de former des souhaits irréalisables de ce que nous n'avons pas. Si la fortune vous est indispensable, allons la conquérir. Mais les chemins qui conduisent à cette conquête, et que j'entrevois, sont peu engageants. Dans les moins bourbeux, il faut ramper à plat ventre.

Andreia. — Jamais je n'irai là. Qu'importent leurs pleurs, gouttes dans l'océan de la joie que je veux ?

Dipsera, *à une jeune âme animale qui pleure en silence et se cache devant Andreia.* — Ne parle pas, pauvre enfant honteuse, ne crie pas, tu me ferais mal.

Andreia. — On dit que je ne pourrai

atteindre mon but si je laisse souffrir cette sœur animale. Est-il vrai que son bonheur soit nécessaire au mien ?

Noera. — Le Bonheur n'est pas dans le baiser qui unit les lèvres sans unir les pensées.

Dipsera. — Oh douleur ! les pensées jamais ne se pénètrent.

Merimne *à Noera*. — Mais toi-même, Intelligence, toi en qui nous espérons, ne souffres-tu pas du silence qu'Andreia impose à nos sœurs inférieures, et de l'esclavage rigoureux où elle les maintient ?

Noera. — Nulle infériorité physique n'a jamais empêché une volonté d'être, une conscience de s'affirmer. Il nous est devenu facile de laisser inassouvies les soifs inassouvibles de nos sœurs animales. Tous les chagrins qu'Andreia leur fait subir sont pour elle et pour nous autant de victoires, donc autant de petites joies. Et peut-être ces petites joies sont le fondement indispensable de la grande joie que nous cherchons. Allons vers les solitudes !

Dipsera, qui jette un regard avide vers le groupe de Samain, se refuse à les suivre. Andreia la rappelle durement.

DIPSERA. — Quel Bonheur poursuivez-vous dans la solitude ? Il n'est qu'un Bonheur, c'est l'amour. Il n'y a pas de bonheur égoïste. Le vrai Bonheur, c'est celui des autres.

NOERA. — Mais si nous ne savons pas nous-mêmes être heureuses, comment rendrions-nous heureux autrui ?

MERIMNE. — Et l'amour, tel que le comprend Dipsera, n'est pas une joie. Chaque fois qu'elle agrandit son cercle d'affections, elle augmente les causes de nos peines, car nous souffrons la souffrance des aimés, et il est faux de dire que l'amour appelle l'amour.

DIPSERA. — Pas de joie ! Oublies-tu les heures divines où les âmes s'étreignent et, sublimisées, planent ensemble dans l'éther ?

Andreia. — Un mot, un geste, le léger contact physique d'une main qu'on presse, et voici que je retombe, pauvre Icare, les ailes brisées.

Dipsera. — Ne gardes-tu pas le souvenir d'avoir eu des ailes ? Les joies passées sont des joies à venir.

Andreia. — Je veux le Bonheur éternel...

Merimne. — Est-il donc des joies éternelles ?

Noera. — Il n'en est que d'éternelles. Les autres ne sont pas des joies.

Merimne. — Mais si la Douleur aussi est éternelle ?

Noera. — L'Éternité est faite de joie. Mais, de même qu'en une théologie oubliée, les démons étaient des anges déchus, les douleurs sont des joies avortées. Vous souvient-il ? Dans les Alpes, le train dévale avec rapidité ; on entrevoit un instant le sublime chaos des glaciers et des neiges, des cités humaines perdues parmi les pics dans les vallées profondes. Mais à peine le regard s'est-il posé sur toute cette nature splendide et illimitée, le train s'enfonce dans un nouveau tunnel aux ténèbres moroses. Ainsi nous avons parfois des échappées sur la vraie vie, sur l'unité réalisée par la fusion des âmes ; mais voici que le tunnel de notre humanité charnelle obscurcit à nouveau notre vision, et nous croyons à l'éternité des ténèbres... Pourtant, je l'ai dit, je sais que mon bonheur n'est pas conciliable avec celui que rêve Dipsera. Il lui eût fallu l'existence tranquille et abritée, les enfants qu'on élève par la tendresse, et qui se blottissent frileusement dans les bras maternels. Et n'eût-elle pas souffert encore ?

Merimne. — Oh ! les petites mains suppliantes de l'enfant qui meurt et qui implore la mère, consolatrice suprême, déesse qu'il croit infaillible, et voici que la mère ne peut rien, et qu'elle demeure tremblante, éperdue, devant ce regard de détresse...

Dipsera. — Tais-toi, prescience !

La vision du couple tranquille et de l'enfant qui dort se déforme : la femme a les traits tirés, angoissés ; le visage hâve de l'homme porte les stigmates de l'alcoolisme ; l'enfant souffreteux tend les bras vers le sein tari.

Noera. — Le bonheur de Dipsera dépend d'autrui, donc il est impossible. Ce qu'il nous faut, c'est un bonheur que nous puissions faire nous-mêmes et qui ne dépende que de nous.

Dipsera, atterrée devant l'affreuse transformation de son bonheur, se décide à suivre les autres. Elles prennent alors le chemin des hautes solitudes. Sur la route, elles rencontrent de nombreux chercheurs et s'entretiennent avec eux.

Dipsera, *méditative*. — Un bonheur qui ne dépende que de nous ! Mais c'est justement dans le sacrifice de moi-même que je trouverais le bonheur. Je veux fondre mon moi dans autrui, et, avec l'aide d'Andreia, je cesserai de languir du besoin d'être aimée, pourvu que je ne cesse pas d'aimer.

Tolstoï. — L'amour n'est digne de ce nom que quand il est un sacrifice de soi-même. Aussi le véritable amour n'est-il réalisable que lorsque l'homme comprend qu'il lui est impossible d'acquérir le bonheur individuel.

Andreia. — Quel autre bonheur est donc concevable ?

Noera. — Le sacrifice est un leurre ou un étrange calcul. Comment l'âme, trop faible pour créer son harmonie, réaliserait-elle celle d'autrui ? Le seul service que l'on puisse rendre aux autres, c'est de les faire s'aimer et s'estimer eux-mêmes.

Maeterlinck. — Quelque chose vaut mieux que d'aimer son prochain comme soi-même, c'est de s'aimer soi-même en lui... Le monde est plein de belles âmes qui, ne sachant que faire, cherchent à sacrifier leur vie, et cela est regardé comme la vertu suprême. Non. La vertu suprême est de savoir que faire et d'apprendre à quoi l'on peut donner sa vie.

Andreia. — Ah ! que n'ai-je cette vertu suprême ! N'est-ce pas précisément là le but de ma recherche ?

Nietzsche. — Plus haut que l'amour du prochain, je place l'amour du lointain ; plus haut encore que l'amour de l'homme, je place l'amour des choses et des fantômes.

Merimne. — Oui ; allons plus loin, plus haut, ailleurs ! Allons à la conquête des fantômes !

Andreia. — Merimne est une souffrance vivante ; elle est la négation de mon bonheur, l'insatiable aspiration vers l'irréalisable.

Merimne s'est approchée du jardin d'Épicure et le contemple avec désir.

Merimne. — Ceux-là vivent sans trouble. Sérénité divine qui m'enchante !

Andreia. — Ne vois-tu pas que c'est un jardin clos ? Ceux qui peuvent entrer sont des privilégiés, ils ont des chartes de noblesse.

Merimne soupire.

Andreia. — Quand t'apaiseras-tu, mon angoisse ?

Noera. — Souviens-toi des minutes rares où elle s'apaisa, minutes éternelles qui battaient au rythme même de ton cœur. Ce sont les minutes du Bonheur, celles que l'on entend battre ! Les paroles ne sont souvent que des bruits, et passent rapides, et rendent confuse la claire mélodie de la vie qui coule. Les seules qui chantent sont les paroles du silence.

Merimne. — Je ne me suis jamais tue. Aux minutes heureuses dont tu parles, j'étais là, et vous torturais, plus puissante par votre tranquillité, car je pressentais la douleur proche. Quand la joie est si intense, elle ne peut pas durer ; ainsi l'alpiniste parvenu au plus haut sommet doit redescendre ou mourir. Au printemps, quand le ciel est trop bleu et que les roses sont trop roses, j'ai la nostalgie de terres irréelles, de mers inconnues et inaccessibles. Il est des statues si intensément belles qu'elles ne sont plus humaines, et ouvrent la porte de l'infini, et je voudrais alors me précipiter par cette porte et étreindre sauvagement le Divin... ainsi j'exacerbe toutes les joies pour en faire de la souffrance...

Menippa. — Ne l'écoute donc pas, Andreia ! Si le ciel est bleu, dis : le ciel est bleu, et cela est joyeux ; si les fleurs ou les statues sont belles, dis : elles sont belles ; et la vie est bleue, et rose, la vie est belle, et c'est notre privilège de sentir la beauté et d'en jouir.

Merimne. — Je vous en défie, tant que je sentirai, au-delà de cette beauté que vous possédez, une immense Beauté que nul ne peut atteindre...

Menippa. — Insensées qui courez après les fantômes, qui vous grisez de mots et vous enthousiasmez pour des abstractions ! Le bonheur est-il un rêve ou une réalité ? S'il est un rêve, votre chasse est folle et vaine ; s'il est réel, cherchons-le dans la réalité.

Merimne. — Et si la réalité n'était elle-même qu'une illusion ?

Menippa. — Peu m'importe, l'illusion est charmante. Je suis jeune, il fait bon vivre quand le soleil luit.

Merimne. — Mais il luit bien rarement. A chaque détour du chemin rôde la douleur, derrière chaque buisson guette le Temps, sinistre chemineau qui déjà s'est emparé de notre jeunesse et la terrasse.

Menippa. — Chaque saison a ses charmes ; je rirai à l'automne comme je riais au printemps clair, comme je ris à l'orageux été. Quant à la douleur, je la nie. Rien n'est grave, rien n'est tragique. Toutes les chimères ont un visage grotesque. Je vous laisse les suivre au vol parce qu'elles sont assez jolies quand on ne voit que leurs ailes, mais il me faut bien rire sitôt qu'elles montrent leur face.

Un grand ouragan s'élève. Toute la plaine et ses visions charmantes ou grossières disparaissent dans un nuage de poussière sèche et âpre. Les âmes se trouvent un instant désorientées.

Andreia. — O Menippa ! Ton rire est un rabot niveleur qui passe sur nos sentiments les plus hauts, nos plus hautes aspirations, et les ravale. Ton rire dessèche nos ferveurs, stérilise nos rêves, déflore nos respects. Les larmes de Dipsera sont moins amères et plus fécondes que ton rire. Depuis que tu as ri, je ne vois plus nulle part l'espoir du Bonheur.

Le nuage s'entr'ouvre. Elles sont dans la forêt, devant l'Anachorète.

Andreia. — Bon vieillard, indique-nous la route. Nous nous sommes perdues pendant l'orage. Sauve-nous !

L'Anachorète. — Affranchis-toi du Désir, cause unique de la douleur. Tous nous passons, fragiles et fugitifs, dans l'Éternité qui demeure. Tout ce que tes sens te révèlent est illusoire, et ta vie est illusion. Fais cesser l'illusion, tu connaîtras le Réel. Détache-toi de tout ce que tu nommes le réel, coupe les liens qui te rattachent à ce que tu nommes la vie. Tout près du renoncement est la béatitude.

Andreia. — Je refuse un bonheur qui m'anéantit.

Noera. — Ton bonheur, ô Yôghi, est une

mort. Nous voulons un bonheur qui soit une vie, et la vie est un perpétuel devenir, c'est-à-dire un désir. Que parles-tu d'existence immuable? L'existence est un mouvement incessant où, comme dans l'eau qui court se mêlent les couleurs et les lumières, se fusionnent toutes les contradictions. Veux-tu opposer au fleuve de l'Éternité la pauvre digue de ton indifférence?

Mérimne. — Pourquoi, si rien n'est stable, ai-je ce désir de stabilité? Pourquoi voudrais-je arrêter le temps, cependant que je le précipite? Ma fièvre dévore mes minutes dans l'attente d'un repos chimérique; peut-être ce repos est-il la mort, contre laquelle, ô Vaillance, tu te révoltes. Je la souhaite et pourtant je la fuis. Tous les êtres et toutes les choses coulent rapides comme l'onde et sont heureux. Moi seule voudrais résister au courant qui m'entraîne, et je hâte ma course, espérant atteindre plus vite le But qu'anxieusement j'appréhende...

L'Anachorète (Baghavad-Gita). — Tiens pour égaux plaisir et peine, gain et perte, victoire et défaite... Sois attentif à l'accomplissement des œuvres, jamais à leurs fruits.

Andréia. — Veux-tu dire qu'il me faut aimer mon œuvre et trouver le Bonheur dans son accomplissement ?

L'Anachorète (Baghavad-Gita). — De même que les ignorants sont liés par leur œuvre, qu'ainsi le sage agisse, en restant détaché, pour procurer l'œuvre du monde.

Andreia. — Alors je me sacrifierais au monde ?

L'Anachorète, *impassible*. — Ame faible, insuffisamment réincarnée, tu n'es pas mûre pour le Renoncement. Seuls le hasard et la curiosité t'ont amenée à moi, tu n'es pas propre encore à l'initiation, car tu n'as point passé par le Calvaire. Va gravir cette montagne, et seulement quand tu l'auras franchie, tu sauras le désir de fuir le désir, et l'horreur de la vie transitoire te donnera la force de chercher le Néant éternel.

Elles se dirigent vers la montagne, passent rapidement, sans s'arrêter, devant la porte du monastère, et demandent leur route à l'Ermite.

Noera. — Celui-ci médite aussi sur la mort, et lui aussi maudit la vie.

Andreia, *à l'Ermite.* — Est-il vrai que le Bonheur soit dans la mort ?

L'Ermite. — Le Bonheur n'est pas de ce monde, et le Juste ne craint point la mort. Ici-bas est la vallée de larmes. Heureux ceux qui pleurent ici-bas, car ils seront consolés dans la vie éternelle ; heureux ceux qui suivent la Loi, car ils seront récompensés.

Menippa. — Tu vantes ta marchandise, mais tu vends trop cher ton bonheur. Ah, le plaisant philosophe, celui qui l'achète au prix de sa liberté ! Avare imprudent qui tue, dans un espoir illusoire de paradis, la poule aux œufs d'or de sa raison ! Insensé qui s'aveugle pour mieux voir un jour !

Et sage douteux qui fait le bien en vue d'une récompense extérieure, qu'elle s'appelle sucre d'orge ou vie éternelle!

Le Chrétien. — Il y a aussi une récompense intérieure. Le Juste se sait aimé de Dieu et sent en soi la grâce habituelle.

Menippa. — Qui appelles-tu le Juste? Est-ce celui qu'un dieu injuste a d'abord choisi?

L'Ermite. — Le Juste est celui qui aime Dieu par dessus toutes choses et son prochain comme soi-même.

Dipsera. — Qu'entends-tu, toi, par aimer?

L'Ermite. — Notre amour pour le prochain se manifeste par les œuvres de charité et de miséricorde.

Noera. — Mais ne disais-tu pas que la douleur est un bien? Comment, si elle est un bien pour moi, serait-elle un mal pour autrui? Pourquoi soulager dans autrui ce que je recherche en moi? Pourquoi dessécher les larmes de la vallée, puisqu'en supposant que j'y parvinsse, je n'aurais plus l'occasion de porter la Croix qui seule m'assure la Récompense ?

Andreia. — Plutôt que détruire et chercher la douleur, il convient de la mépriser. Allons à l'autre montagne, rejoignons ces esclaves qui foulent aux pieds leurs chaînes et dominent de si haut la plaine, qui inlassablement gravissent le chemin rocailleux, dédaigneux des cailloux qui ensanglantent leurs pieds nus. Ils nous indiqueront, mieux que ceux-ci, notre route.

Elles se mêlent aux Stoïciens et partagent quelque temps leurs travaux.

Merimne, *à l'un des esclaves*. — Où allons-nous ?

L'Esclave Stoïcien. — Qu'importe ?

Merimne. — Depuis combien de temps peines-tu ainsi ?

L'Esclave. — J'ai peiné toute ma vie.

Merimne. — Ne sens-tu point la fatigue ?

L'Esclave, *sans conviction*. — Non.

Merimne. — Est-ce ton maître qui t'a

appris à mentir ? Me feras-tu croire que tu aimes ta vie de douloureux labeur ?

L'Esclave. — La souffrance est indifférente. Demande-lui.

Épictète. — Laisse ton aversion pour tout ce qui ne dépend pas de toi et porte-la sur les choses qui sont contre ta nature et qui en dépendent.

Toutes. — Parle, Épictète, conseille-nous. Nous voulons te suivre. Enseigne-nous encore le mépris de la douleur.

Épictète. — Si tu aimes un objet fragile, dis : « J'aime un objet fragile », et s'il se casse, tu n'en seras pas troublé. Si tu chéris ton épouse ou ton fils, dis : « J'aime un être mortel »; et, s'il meurt, tu n'en seras pas troublé.

Dipsera. — Ah ! qu'a-t-il dit ? Son bonheur m'est inaccessible, il en a supprimé l'Amour !

Épictète. — Ne cherche pas que les choses soient comme tu les veux, mais veuille-les comme elles sont, et tu couleras des jours heureux.

ANDREIA. — O sage ! Toi qui m'appris jadis à distinguer l'éphémère de l'éternel, l'apparence du vrai, l'extérieur du profond ; toi en qui mon orgueil reconnut un orgueil frère, toi enfin qui m'enseignas à fuir toutes les lâchetés, quelle coupable résignation me conseilles-tu ? Si le Bonheur consiste à laisser les choses comme elles sont, je n'en veux pas ! Je ne suis pas venue pour accepter, mais pour transformer. Je ne puis être une satisfaite. Ma destinée ne saurait être médiocre. Quelle que soit la chose que je poursuive, je la veux intégrale ; si c'est le Bonheur, je veux la plénitude du Bonheur.

Le groupe des Stoïciens disparaît.

ANDREIA. — Quoi ! Encore un bonheur enfui, que ma parole fait dissiper ? Ils sont donc tous aussi éphémères et fragiles que le ciel entrevu dans une goutte de rosée ?

Les âmes déçues sont revenues au bord de la mer. Leur petite barque est là qui attend... Les mouettes passent à grand vol, semant des

plumes blanches. Les iris de la falaise mirent dans l'océan leur splendeur innocente, et leur corolle mûre, trop lourde pour leur tige, de temps en temps soudain s'écroule tout entière. Le silence glisse, le temps fuit, la paix est très grande.

Merimne. — Cette terre est un mensonge. Le Bonheur n'y est nulle part. Vous cherchiez celui qui fût un mouvement comme la Vie? Eh bien! regardez les oiseaux qui s'envolent, les fleurs qui s'effeuillent, les saisons qui l'une après l'autre tombent dans le sablier. C'est le Bonheur, tout ce qui fuit sans retour...

Noera. — Le Bonheur est peut-être lui-même un désir, une recherche. Il est l'appât au moyen duquel le Destin nous tente pour que nous accomplissions l'œuvre mystérieuse et gigantesque où il nous emploie. Il n'est pas le But de la vie, ni celui de l'humanité.

Andreia. — Non, ce n'est pas pour le Bonheur que je suis née. Laissons les jouisseurs mordre à l'appât et se prendre aux pièges du Destin... Je veux chercher la Vérité. Qu'elle soit mon unique déesse, que toutes mes paroles lui soient un hymne et tous mes actes un culte.

Troisième Dialogue

—

Existe-t-il un Credo que je puisse adopter et qui me soutienne tout le long de ma route ?

NOERA. — La Vérité est un archipel qui comprend de nombreuses îles.

ANDREIA. — Partez, mes sœurs, visitez-les. Je vous attendrai sur le promontoire que défendent les rochers du Bien et du Mal. Que Merimne accompagne partout Noera, car il convient que de celle qui résout ne se sépare pas celle qui interroge.

. . . .

Toutes les âmes reviennent du long voyage, elles paraissent lasses et déçues, sauf Menippa, qui est secouée d'un rire inextinguible.

ANDREIA, *aux animales*. — Parlez d'abord, vous, les instinctives. Quelle vérité, pauvres aveugles, avez-vous cru découvrir ?

Une Ame animale, *parlant au nom de toutes*. — Nous n'avons pu trouver la Vérité, parce que jamais nous ne fûmes seules. Quand nous la cherchâmes dans les Choses tangibles, et crûmes la saisir, Noera survint et nous fit voir que les choses tangibles n'étaient qu'un miroir où toutes nous nous reflétons, et qu'il y a peut-être des vérités plus hautes derrière le miroir. Nous tâtions les murs solides, et disions : « Là s'arrête le vrai », et Noera vint encore, parlant des vérités qu'elle voyait, elle, au-delà des murs ; et Menippa partit d'un éclat de rire tel que nos murs solides s'écroulèrent, et notre Vérité pratique creva comme une bulle de savon. Enfin, un jour, le corps que nous habitons était étendu tout du long sur la grève. La mer, indifférente et calme, roulait ses vagues... vous dormiez... je me crus seule. Je tamisais dans ma main, parmi le sable pailleté de soleil, les coquillages roses. Je me sentais vivre comme mes sœurs les algues, comme mes frères les rochers, et j'eus une minute la sensation intense de la Vérité. Mais comme je voulais l'étreindre, le cri sauvage d'un oiseau migrateur ébranla tout l'Océan.... c'était la voix de Merimne ! Alors je compris que jamais je ne vivrais la vie animale, qui pourtant est ma vérité.

ANDREIA, *à Merimne.* — Pourquoi poussas-tu ce cri ?

MERIMNE. — Parce qu'au moment où triomphait l'Inconscience, j'eus tout à coup le souvenir de ma mission humaine, et le regret horrible de n'être pas anéantie, de ne pouvoir échapper à mon humanité, le pressentiment que la Vérité qu'atteignait notre sœur ne serait jamais mienne, et jamais, c'est l'Éternité...

ANDREIA, *à Menippa.* — Cesse de rire si amèrement, ô Menippa, et dis-nous ta vérité.

MENIPPA. — Si je ris, c'est qu'il n'y a

de vrai que le rire. Ah! les longs défilés de fantoches que nous rencontrâmes, dans cette recherche de la Vérité! Ils disaient tous l'avoir découverte, et la gardaient jalousement pour eux seuls, marionnettes portant des idoles sacro-saintes qu'ils dépeçaient pour s'en repaître entre eux. Où est la Vérité? m'informai-je. — Elle est en Dieu. — Mais qu'est-ce que Dieu? — Dieu est la Vérité. Et ils m'expliquèrent alors des choses incompréhensibles et que Noera déclara inacceptables. Comme je protestais, ils assurèrent que c'était pourtant là la Vérité; la preuve, c'est que Dieu l'avait révélée : mais de ce Dieu lui-même, ils n'avaient point de preuve à donner, et ils disaient que je devais le prier, ce Dieu auquel je ne croyais pas encore, afin qu'il me fît non pas comprendre, mais accepter. Je courus alors du côté opposé où des logiciens très imposants prononçaient : Dieu est erreur; la Vérité est sans dieu, le monde est une matière inerte et tangible, et nous sommes un fragment du monde. Mais Merimne demanda : Pourquoi alors suis-je tourmentée du besoin de connaître les choses intangibles ? Leur réponse fut la plus risible de toutes : ô pauvre corps souffrant, s'apitoyèrent-ils, il importe de vous soigner : prenez mes pilules, suivez mon traitement ! Oyant cela, je songeai au renard dont la queue était coupée et qui exigeait que tous les renards se la coupassent, ou encore à la taupe qui croyait voir seule de la bonne façon. Et d'autres porteurs de flambeaux nous appelaient, mais ils formaient autour de leur lumière un cercle si étroit et si dense de ténèbres que je pensai : depuis longtemps, elle a dû périr étouffée. En effet, nous trouvâmes beaucoup de lumières mortes. Pourtant, ayant longtemps voleté de ci de là, comme des papillons, de flamme en flamme, nous finîmes par rester coites, cachées dans notre rideau, et tremblant, non de nous brûler les ailes, mais de les meurtrir contre les opaques abat-jour !

Noera. — Les lumières n'étaient pas mortes : la lumière ne peut mourir, mais bien des abat-jour sont posés sur des lampes éteintes. Le tort de la Science est de prendre les vérités pour la Vérité. La Science est une recherche, la Vérité un mouvement ; les vérités sont les glaçons qui entravent le cours de la Vérité, et la fausse Science prend les glaçons pour le fleuve. La Science n'est vraie que quand elle cherche ; si elle trouve, si elle affirme, elle n'est plus la Science.

Merimne. — Le Bonheur est une recherche, la Science une recherche, l'Éternité est un océan mouvant, la Vérité un fleuve qui coule... Mais alors, où allons-nous ? Que cherchons-nous ? Où le repos auquel j'aspire ? Quand ?

Noera. — Le Repos serait l'anéantissement. Tout ce qui vit se meut et la Vérité est une vie. La Vérité est mouvante, c'est pourquoi elle est insaisissable.

Andreia. — Insaisissable ! Quoi, ma Pensée, as-tu prononcé toi-même la parole du désespoir ? Dans le Fleuve n'est-il pas un rocher où je puisse ancrer ma foi ?

Noera. — J'ai cherché loyalement, et chaque fois que j'essayai de m'appuyer sur un de ces rochers, je les trouvai gluants et glissants tant ils étaient couverts de sphaignes. J'ai séjourné dans chacune des îles, j'ai sondé les profondeurs occultes, espérant toujours rencontrer le fond solide, l'Être. Mille fois j'ai cru le toucher, puis j'ai compris ma folie : s'il existait une Vérité immuable, elle serait aussi inéluctable ; toutes les intelligences la saisiraient avec joie et se confondraient en Elle. Or, plus je m'élève et plus je vois au même niveau toutes ces îles, toutes limitées, donc inhabitables. Nulle n'est absolument sûre, sans écueil, sans traîtrise où le pied glisse, dans des gouffres menaçants, quand ce ne sont pas les mares honteuses des compromissions... N'avons-nous pas vu ceux qui, ayant créé un jardin de beauté, le déformaient, le rendaient hideux, en rognaient les arbres pour le rendre pareil à celui du voisin ? Et vous rappelez-vous le prophète qui nous charma longtemps ? Il se tenait sur un plateau élevé, et son génie avait jeté au-dessus de l'abîme un pont qui rejoignait l'Inaccessible. Au pied s'amassait la foule, et il criait très fort : « Dépassez-vous vous-mêmes ! Franchissez le pont ! Ceux qui arriveront de l'autre côté seront les maîtres du monde ! » Il parlait ainsi à la foule. Mais moi, j'étais accourue à son appel ; j'étais tout près, je volais au pont insensé, quand, se tournant vers moi, il me dit à l'oreille : « Le pont est un attrape-nigauds ; je les amuse par ces sornettes, car je ne peux leur dire, à eux, la plus grande vérité, ma pensée la plus profonde. Que ceux qui ont des oreilles entendent ! Écoute, toi : Tout recommence, les braves qui ont franchi le pont se retrouveront comme aujourd'hui au pied de la montagne. Alors...

MENIPPA, *riant toujours*. — Ah ! le fou, qui voulait passer un anneau au doigt de l'Infini et faire danser l'Éternité dans un rond !

Noera. — Et tous, et tous ! Pourquoi croire celui-ci plutôt que celui-là ? Menippa t'a conté nos déconvenues ; mais elle ne t'a pas dit qu'après les porte-flambeaux, nous avons rencontré une île peuplée d'hommes étranges, qu'on appelle les Sceptiques et les Positifs. Les uns étaient gais, gais à pleurer ; les autres souriaient amèrement. « Rien de certain, disaient-ils, acceptons-donc le probable ; l'essence des choses nous échappe, saisissons le phénomène ; étreignons l'instant éphémère, puisque la durée n'est pas nôtre ; assouvissons nos désirs par des demi-vérités. » Et moi je leur dis : « Pour vous contenter ainsi de vous laisser enfermer dans une étroite cabane, vous n'avez pas humé le grand air du large, vous n'avez jamais suivi, d'un regard d'ardente envie, les voiles qui disparaissent à l'horizon ? L'un des mélancoliques m'a répondu : « Si, nous sommes allés aux rivages lointains, et nous en sommes revenus; toi aussi, tu reviendras ! » Je m'enfuis, méprisante, en lui jetant : « Adieu ! » Et son sourire las signifia : « Au revoir ! »

Andreia. — Elle existe, cette Vérité immuable et universelle ! Il y a une certitude mathématique ; l'accord que tu réclames se fait sur toutes les vérités scientifiques.

Merimne. — Mais qu'est-ce qu'une vérité scientifique ?

Menippa. — Ah ! ah ! des triangles égaux ! Mais il n'y a pas de triangles ! Points de fusion, poids atomiques, chiffres et coefficients ! Les nombres sont des erreurs humaines.

Noera. — Tu dis vrai ! Ces vérités sont des relations, donc elles n'existent pas. Rien n'existe que l'Absolu.

Andreia. — Oui, c'est l'Absolu que je veux. Je n'accepterai pas, moi, de compromis. Je ne pouvais vouloir d'un Bonheur qui ne fût universel ; parce qu'on m'offrait le Bonheur relatif, j'ai renoncé au Bonheur. Si la Vérité n'est pas intégrale, je renoncerai de même à la certitude. Qu'est-ce que ces demi-vérités que l'on te propose ? Tout, ou rien.

Noera se penche sur Andreia, appuyant la tête sur son épaule ; elle pleure.

Andreia. — Est-ce bien toi, ma plus aimée, que je contemple ainsi souffrir ?

Menippa. — La Vérité que vous cherchez, n'est-elle pas une femme qui sort d'un puits, un miroir à la main ?

Noera, *tristement*. — Railleuse cruelle ! Hélas ! Comme tous les hommes, nous ne concevons la Vérité que sous la forme humaine. Nous ne pouvons pas ne pas mettre en cage l'Absolu, et ma plus vaste envergure est une idée géométrique.

Andreia. — Ne rendons pas les armes ! Si le But existe, il est accessible.

Noera soupire.

Andreia. — Songe que je me solidarise avec le monde. Où je vais, je suis sûre qu'il va ; et si j'ai fait un pas, un seul pas vers le But, l'Humanité en a fait un aussi.

Un pas ne suffit-il pas à justifier nos peines, un pas vers la Vérité ne vaut-il pas une vie d'effort?

Merimne. — Qui donc a fait faire un pas au monde? Qui, depuis que le monde est monde?

Noera. — Un pas en avant? Que signifie ce mot : en avant? S'il est un Dieu, il voit le dessin de nos vies comme j'examine le plan d'une ville, tenant dans mon regard la ville entière, bien que je ne puisse me transporter en même temps dans tous les points de cette ville. Chercher le Progrès, cela me paraît puéril. L'humanité change de plan, elle n'avance pas. Il n'y a pas de haut et de bas, ni de degré dans l'Infini.

Andreia. — Tu m'effraies. Comment peux-tu nier le Progrès?

Menippa. — Ah! ah! les aéroplanes!

Andreia. — De quoi te railles-tu encore? Les hommes d'à présent valent mieux que ceux de jadis.

Menippa. — C'est comme si l'on disait

que la pièce est meilleure parce qu'on a changé le décor.

Andreia observe avec appréhension le ciel très noir, où l'orage commence à gronder.

MERIMNE. — Et qui peut dire : ceci est meilleur que cela ? Le savons-nous ?

ANDREIA. — Ne vois-tu pas ici les Rochers du Bien et du Mal ?

MERIMNE. — Sont-ils deux ?

MENIPPA, *riant*. — Oui, deux : Ormuzd et Ahriman, Jehovah et Satan : ah, ah ! Lequel est dieu ? Blanc et noir... Où commence le blanc ? Où finit le noir ? Ici, dira l'un, là dira l'autre, mais ce que l'un voit blanc, l'autre le voit noir. Ah ! ah !

Voix de PASCAL. — Vérité en deçà des Pyrénées, erreur au-delà...

Des craquements sinistres et sourds se font entendre dans le rocher.

MENIPPA. — Tel, qui fut flétri jadis comme criminel, est honoré aujourd'hui comme un saint, tel canonisé naguère irait aujourd'hui au bagne. La conscience est un thermomètre, le Bien et le Mal n'existent pas plus que le froid et le chaud.

Voix d'un poète aimé :

O le Mal et le Bien ! deux mots, la même chose !
Le Mal, envers du Bien ; le Bien, reflet du Mal...
Je contemple, éperdu, leur lente apothéose.

ANDREIA, *révoltée*. — Non, il n'est pas indifférent de choisir l'un ou l'autre !

MERIMNE. — Donc tu te contenteras encore une fois du relatif ?

ANDREIA. — Non ! quand je douterais de toute autre, elle existe, cette vérité morale, elle existe malgré moi, elle est ma Loi.

MENIPPA. — Malgré toi ? Oh ! je me rappelle le discours d'un des porte-flambeaux ! Il racontait une histoire : le premier homme goûta au fruit défendu, et connut par le regard de Dieu qu'il avait péché. Et depuis ce jour, tous les hommes naquirent dans le péché. Alors, demandai-je, le Péché précéda la Conscience ?

Les rochers commencent à trembler.

Menippa. — Mais le plus risible, c'est qu'à ma question : « ton Dieu punit-il le Mal commis par ces irresponsables ? », il répondit : « La miséricorde divine leur pardonne, car ils ne savent pas ce qu'ils font... » Alors je ne pus résister à la colère, et lui criai insolemment : « Et pourquoi ne le savent-ils pas ? Ne vois-tu pas que c'est là le reproche, et que ce reproche s'adresse non pas aux pécheurs, mais à Dieu ?

Vigny. —
C'est l'accusation
Qui pèse de partout sur la Création !...
... Muet, aveugle et sourd au cri des créatures,
Si le Ciel nous laissa comme un monde avorté...

Merimne. — Oui, qu'appelles-tu ta Loi, sinon ce dieu perfide qui s'impose à toi sans se laisser connaître ? Car tu ne sais pas plus pourquoi le Bien est le Bien, que pourquoi le Mal est le Mal. Sur quoi se fonde ton acceptation de cette Loi ? Et si tu te trompes, ne seras-tu pas durement châtiée ? La Justice, c'est donc le châtiment de l'ignorance ?

Le sol s'ébranle. Andreia perd pied, mais s'appuie sur Dipsera, qui est arrivée après les autres.

Andreia. — Dipsera, qu'apportes-tu ? Est-ce la nouvelle de l'abri sûr enfin découvert ?

Dipsera. — J'avais rencontré un îlot solide sur lequel je voulais fonder notre Cité. L'amour, pensais-je, ne peut se tromper. Le lien qui m'unit aux âmes mes sœurs ne saurait se rompre, et c'est peut-être, disais-je, ce qu'il y a de plus certain et de plus immuable, la seule Vérité que nous puissions étreindre, cet instinct mystérieux qui rapproche les âmes comme si elles étaient toutes une parcelle de l'Unité. L'existence que je vous eusse offerte était peut-être sans éclat, mais elle était sûre ; elle consistait à choisir toujours, de parti pris, la route de l'amour et du sacrifice, sans nous inquiéter du problème du Bien et du Mal, ni de l'ignorance où nous sommes de notre fin... Mais Merimne a encore flétri ma réalité comme les vôtres, et mon île s'est comme les vôtres dissipée dans les brumes du Doute. Pourquoi, dit-elle, si la Vérité est là, a-t-elle échoué à conquérir le monde? Pourquoi les hommes n'ont-ils pas cessé de se haïr et de s'entr'égorger? Et pourquoi n'est-elle pas plus claire, cette vérité de l'amour? Sais-tu toujours qui tu dois servir, n'as-tu jamais senti la torture des amours contradictoires? Pourquoi en aimant l'un fais-je souffrir l'autre? Pourquoi, en secourant le premier mendiant, privé-je le second de mon unique morceau de pain? Avons-nous jamais la claire vision du choix nécessaire?

Une crevasse se creuse sous les pas d'Andreia.

Une voix souterraine. — Il n'y a pas une Vérité, il y a autant de vérités que d'âmes. Arrache ton masque, Intelligence!

MENIPPA, *soudain.* — C'est vrai, Noera porte un masque!

Elle le lui arrache.

NOERA *(cri douloureux).* — Rien! je ne

vois plus rien ! Horreur ! C'était donc moi qui créais le monde ? De moi le bleu du ciel, de moi la beauté des fleurs, tout, tout, je l'avais inventé, et maintenant il n'est plus rien !

Le tremblement du sol s'est répandu dans toute l'île. Les âmes se pressent, effrayées, l'une contre l'autre. Enfin les rochers du Bien et du Mal s'écroulent avec fracas. Andreia s'enfuit d'un geste tragique, toutes la suivent éperdûment. Seules, Noera et Merimne demeurent, essayant de se maintenir au milieu du cataclysme. Noera saisit passionnément tous les objets, dans l'espoir d'y trouver un point d'appui. Dominant le bruit de la tempête, résonne le rire de Menippa, toujours plus aigu, plus rapide et plus fort.

Quatrième Dialogue

Les questions de Merimne se succèdent rapides ; ce dialogue est un moment d'affolement, non un exposé de théories.

Merimne, *dans l'épouvante.* — C'est donc le Néant ?

Noera, *haletante.* — Non ! L'Esprit est la substance... l'Esprit imprègne toute chose... Tout est Dieu, tout est Dieu...

Merimne. — Suis-je Dieu ?

Noera. — Où serait-Il s'Il n'est en moi ?

Merimne. — Pourquoi n'est-il pas en tous ? Pourquoi l'usurier qui fait souffrir exprès, pourquoi l'assassin brutal ou l'ivrogne lâche ?

Noera. — Il est en eux.

Merimne. — Pourquoi moins ? Tu es Dieu, tu es plus Dieu que ces hommes ; et pourtant ils sont Dieu. Et d'autres hommes sont plus Dieu que toi. Comment peut-on être plus Dieu que Dieu? Dieu n'est-il pas un?

Noera. — Il est un; et unit en soi les contraires.

Merimne. — Alors qui suis-je? Si je fais partie de l'unité de Dieu, que devient mon unité à moi?

Menippa, *dans son rire*. — L'île de Leibniz et celle de Spinoza s'enfoncent toutes deux abruptes dans la mer. Ah! ah! choisissez! Dieu est en petits morceaux. Mais à la fin des fins, est-ce nous qui le mangeons ou Lui qui nous mange? Voilà la question.

Merimne. — Vivre, est-ce absorber ou être utilisé? Se construire, ou se détruire? Consommer, ou se consumer? Devenir, ou graduellement dépérir? La mort est-elle une fin ou un commencement?

Noera. — Une phase...

Menippa, *qui a regagné le petit bateau, s'y élance, insouciante, et chantant*: Vous êtes dans le tourbillon. Tournez!

MERIMNE. — Il est impossible que je n'aie à moi que cet instant, alors que je sens le besoin d'étreindre toute la vie, de vivre toutes les vies. Comment mon désir dépasserait-il mon être ?

Voix de MUSSET, *dans la tempête :*

L'homme n'est-il donc né que pour un coin de terre,
Pour y bâtir son nid, et pour y vivre un jour ?

MERIMNE. — Je ne peux pas ! Je veux savoir ! On ne comprend la Vie qu'en la vivant. Pour tout savoir, il faut tout vivre.

NOERA. — Vivre toutes les vies ! Sur la terre, il est des millions d'êtres et, dans le ciel, il est une infinité de mondes.....

MERIMNE. — Pourquoi cette division, si rien n'existe que l'Unité ?

VOIX *apportée du fond de l'Inde*. — Alors l'Un s'écria : Puissé-je être plusieurs !

MERIMNE. — Comment ? Dieu désire ? Il n'est donc pas parfait, et Lui non plus ne sait pas le Bonheur ?

NOERA. — La perfection n'est pas l'immobilité...

Voix alexandrine. — Dieu aime; et son amour est sans désir. Il naît de Lui et s'épanche comme la lumière du flambeau, la lumière éclaire la maison, et pourtant le flambeau conserve la lumière.

Merimne. — Si c'est par Son amour que le monde existe, pourquoi la souffrance dans le monde?

Noera. — C'est Dieu qui souffre.

Merimne. — Pourquoi se fait-Il souffrir?

Noera, *douloureusement*. — Laisse-moi, oh! laisse-moi...

Cinquième Dialogue

Le bateau se remet à flotter sur les vagues houleuses. Les âmes sont couchées au fond. La Destinée est à la proue et guide. Andreia, épuisée, dort.
Le dangereux pilote verse l'esquif sur un écueil. Surplombant une langue de terre étroite, se hérisse une chaîne de montagnes dont on ne peut apercevoir les cimes. Le soleil darde sur la blancheur des neiges des rayons d'or et de flamme. Aucune autre issue, sauf la mer, que le sentier qui grimpe au sommet. D'effrayantes crevasses coupent, tous les dix pas, le sentier.
Personne. Pourtant des échos répètent des voix hautaines. Andreia brusquement se réveille et se trouve en face de la Destinée

ANDREIA. — Où m'as-tu conduite? Par où puis-je sortir de cet horrible lieu?

La Destinée silencieuse indique, de son geste inexorable, la direction du sommet.
Les autres âmes se réveillent aussi lentement.

NOERA. — Où donc est Andreia? Pourquoi, sœur chère, gardes-tu le silence?

Ne vois-tu pas que nous sommes toutes lasses, alanguies comme les Vestales, alors qu'elles s'étirent dans les effluves du tépidarium, et que nous attendons le strigile de ta parole ?

Andreia. — J'ai combattu longtemps et vaillamment. Je suis brisée de fatigue. Je ne sais où la Destinée me conduit. Que veut-elle donc de moi, enfin ? Elle m'attire en ce lieu, et c'est pour m'opposer mille obstacles.

Noera. — Elle ne t'en opposerait pas si elle ne te savait capable de les surmonter.

Merimne. — Mais si elle se trompe ?

Andreia. — Elle veut que je continue à monter, seule et sans appui, sans espoir, jusqu'au sommet que je sais inaccessible. Pourquoi m'a-t-elle choisie pour cette ascension ? Et si elle veut que j'accède à cette hauteur, pourquoi me prive-t-elle de tous les soutiens ?

Noera. — Sans doute elle sait que tu peux te passer de soutien.

Merimne. — Mais si elle se trompe ?

Romain Rolland. — Faire *tout* ce que je peux. C'est assez.

Une voix. — Et si tu le peux, tu le dois.

Menippa, *éclatant de rire*. — Je dois? Je dois? Ah! En sommes-nous encore là, dans l'île du pauvre Kant? A qui est-ce que je dois? Et qu'est-ce que je dois? Ah! Ah!

Dipsera. — Et pourquoi monter? Ah! qu'elle doit être déserte, la montagne! Car déjà nous rencontrions si peu d'âmes. Vous souvient-il, mes sœurs, de toutes celles que nous avons laissées dans les plaines, de toutes celles qui n'ont pu nous suivre? Oh! solitude qui m'effare!

Plusieurs ames. — Pourquoi monter?

Han Ryner. — On voit moins de choses dans la plaine que lorsqu'on est assis au sommet de la montagne, et celui qui veut voir les vérités les plus hautes doit monter plus haut que la montagne.

Merimne. — Mais l'homme qui vit dans la plaine ne vaut-il pas l'homme qui voit plus loin, et qui se tourmente de ne pas tout voir? Son pâle effort, son œuvre mesquine de moisson terrestre ne pèsent-ils pas autant que les nôtres dans la balance de l'Éternité?

Noera. — Nous ne sommes pas l'âme de la plaine, nous sommes celle qui doit monter plus haut que la montagne.

Merimne. — Pourquoi? Ah! qu'ils sont heureux, ceux qu'un obscur destin mure dans l'insouciance!

Montaigne. — Ah! que l'ignorance et l'incuriosité sont un mol oreiller pour une tête bien faite!

Noera. — Agiles qui regrettez de marcher sans béquilles! Voyantes qui vous plaignez de n'être point aveugles!

Plusieurs ames jeunes et fortes. — Parle, Andreia, et conduis-nous. Ne nous abandonne pas dans cette déprimante inaction. Crains-tu pour nous de nouvelles souffrances? Oh! tout plutôt que l'effrayante passivité. Entraîne-nous sur ta montagne, Andreia, nous voulons agir.

Merimne. — Là-haut, c'est peut-être la

paix ? Montons ! Je veux être calme et sereine.

NIETZSCHE. — Je ne vous conseille pas le travail, mais la lutte ; je ne vous conseille pas la paix, mais la victoire. Que votre travail soit une lutte, que votre paix soit une victoire.

TOUTES, *ardentes, suppliant Andreia.* — Oui, Andreia, conduis-nous à la lutte et à la victoire !

ANDREIA. — Comment ne voyez-vous pas que cette victoire est une défaite ? J'ai cru être maîtresse de moi-même et de vous, je n'étais que la servante de la Destinée. Vous parliez de mon œuvre ? Qu'ai-je fait, sinon obéir, aveuglément, sans comprendre, pauvre alouette prise aux miroirs des sanctions éternelles ? Nous avons lutté, nous avons saigné : j'ai marché sur ton cœur, Dipsera ! Et vous, mes sœurs animales, je vous ai serrées par la gorge pour étouffer vos cris sauvages. Et tout cela ne fut qu'obéissance. Obéi, obéi, j'ai toujours obéi ! Assez ! assez de sacrifices, assez de souffrances. Je m'arrête devant le nouveau mirage, et si éblouissant qu'apparaisse le sommet, je n'irai pas plus loin.

Toutes. — Elle a raison. Arrêtons-nous. Plus d'obéissance !

Han Ryner. — Les Destins sont des obstinés. Ils exigent que nous fassions notre chemin jusqu'au bout. Si nous nous dérobons, la prochaine existence nous ramène sur le même obstacle.

Andreia. — Qu'importe ! Puis-je souffrir davantage ? Pas plus demain qu'aujourd'hui, je ne le franchirai.

Noera. — La force qui te manque aujourd'hui, souhaite de l'avoir demain... demain... demain ! Et il n'y a pas de demain, le Présent est éternel !

Andreia, *révoltée*. — Mais alors, si mon avenir *est*, moi je ne suis pas ! Mon échec aussi est prévu. Je n'ai pas à agir, j'attends...

La Destinée reparaît, froide, immobile et pâle, telle Kasandra arrivant au camp d'Agamemnon.

Une voix. — Ce n'est pas ton avenir qui est écrit, c'est ton effort. Il est en toi. La Destinée le veut, et tu le feras, inéluctablement.

Andreia. — Mais ce n'est pas moi qui ferai l'effort, c'est elle ! Que dis-je, il est fait, si l'avenir n'est que le passé qu'on ne connait pas encore ! Alors, suis-je ou ne suis-je pas ? Réponds-moi, ô Destinée !

Menippa, *riant*. — La Destinée se tait quand on l'interroge.

Andreia. — Non, je n'irai pas. Si je suis, je suis libre. Si je suis libre, je refuse.

Toutes les âmes nobles, soulevées d'enthousiasme à la parole d'Andreia, en chœur. — Je suis libre, je refuse !

Les âmes animales se dressent à leur tour et se jettent sur les premières, avec un grand cri de triomphe.

Alors, à nous la victoire !

Chœur *des âmes animales*. — A nous les plaisirs, à nous les baisers ! A nous toutes les caresses, toutes les voluptés. Assez longtemps nous avons dû garder le silence ! Et pourquoi ? Ah ! les grands mots vides dont on nous a frappées, pauvres fleurets dont on crut nous tuer à jamais ! Il n'est pas de Devoir, puisque rien n'*est*, hors de nous ! Il n'est pas de Bonheur, puisque le Bonheur, c'est tout ce qui s'envole ! Il n'est point d'Avenir, puisque tout recommence, et demain, c'est hier. A nous de crier aujourd'hui sur tous vos rêves écroulés, sur toutes vos fois abolies : « Vanité des Vanités ! »

Ah ! ah ! ah ! Rions et chantons, mes sœurs ! Car notre heure est venue. Il n'est que le Plaisir, sur terre, un seul jour, et en ce jour nous pouvons avoir tout ce que l'on convoite, toutes les joies ignorées. Victoire !

Tout en chantant et dansant une folle bacchanale, elles se sont précipitées sur les âmes nobles, et les terrassent. Effrayant combat : les âmes nobles, épuisées par de récentes fatigues, se défendent mal et semblent déroutées, vaincues. Tout à coup Andrela se dresse, palpitante, comme une guerrière sauvage qui, les yeux exorbités, les narines ouvertes, droite et hautaine, tendrait les bras dans un grand geste qui chasse :

ANDREIA. — Arrière, troupeau vil des chairs esclaves !

Toutes s'enfuient. Andreia reste seule en face de la Destinée qui, statue immobile, la regarde de ses yeux froids. Andreia tremble toute et semble hésitante. Mais la meute chassée des âmes animales hurle encore au loin, menaçante et furieuse ; elle semble se rapprocher. Alors la guerrière, l'écartant de ses bras étendus, s'avance la tête haute contre la Vision.

J'irai où tu veux, ô Destinée !

Avec un long éclat de rire méphistophélique, la Vision, lentement, s'efface et disparaît.

Sixième Dialogue

Les Ames se rassemblent sur le pont de leur esquif, complètement désemparé, devant les brumes de l'Avenir tendues comme un rideau de théâtre. Dipsera, résignée et dolente, est couchée en un coin de la barque; les autres, debout, dans des attitudes diverses, regardent le rideau.

Andreia. — Voici qu'une fois encore je m'arrête sur le seuil de l'Avenir. Où aller ?

Menippa. — Au fil de l'eau. Confiantes et sans souci. N'avez-vous pas vu le néant de tous les rivages, et la duperie de tous les ports ? N'avez-vous pas été trahies par tous les guides ? Assez de sauveurs, assez de théories ! Parmi tant de profondeurs que nous avons explorées, un seul mot m'a paru rendre un son plein : « Qu'importe ? »

Noera, *à elle-même, tristement.* — Ils m'ont dit « au revoir ! »

Andreia. — O Menippa, ce que tu me conseilles est pire que la mort, c'est l'indifférence à la vie..... *(A Merimne, qui s'agite, errante, angoissée, sur le pont).* Merimne, apaise-toi ! Où m'attires-tu encore ? Vers quel nouveau fantôme tends-tu les bras ? Où cours-tu ?

Merimne. — Plus loin ! Ailleurs ! Cherchons encore !

Andreia. — Mais n'as-tu pas vu que partout nous nous heurtons aux mêmes écueils, et que malgré tant de détours nous n'avançons pas et n'avancerons jamais ? Il n'y a pas d'ailleurs ! Nous sommes rivées dans la petite sphère de la Pensée plus étroitement encore que les hommes sur la terre, et ce qui m'afflige, ce n'est pas qu'aucun port ne soit sûr, c'est qu'aucun ne soit inexploré. Il ne reste pas d'île déserte, d'île insoupçonnée où je puisse fonder ma demeure solitaire, et notre voyage fut celui de tous ceux qui ont voyagé. Pourtant chacun a trouvé son asile, moi seule reste naufragée au milieu de l'Océan..... (*A Noera, qui, abritant sa vue pour en augmenter la portée, ardemment cherche à pénétrer de son regard la Brume*). Parle, chère, que faut-il faire ? J'agirai selon ton désir.

NOERA, *sans changer d'attitude ni détourner son regard, prononce lentement :*

Recommencer.....

FIN DE LA PREMIÈRE PARTIE

Deuxième Partie

ESPOIRS

Septième Dialogue

Le naufrage prévu a entraîné un douloureux démembrement des Ames. Elles sont dispersées et souffrent de leur dissociation.

Une terre désolée. Noera, Merimne, plusieurs âmes animales.

Merimne. — D'où vient que le monde a perdu sa grâce ? Les champs sont nus, il n'est plus de fleurs, l'atmosphère est glacée.

Noera, *comme confuse*. — Dipsera est perdue.

Merimne. — Perdue ?

L'ame animale. — Pardonne ! C'est moi qui l'ai entraînée. C'était peu de temps après qu'Andreia nous eut abandonnées. Je croyais avoir trouvé l'île enchantée. Là-bas, l'eau était d'un bleu si pur ! Le sourire du ciel, se posant sur le sourire de la mer, semblait une ivresse..... et la curiosité de Noera était attirée aussi.....

Noera. — Hélas !

L'ame animale. — C'était un mirage. Le bleu plus intense n'indiquait que la profondeur de l'abîme, et ce que j'avais pris pour un promontoire était un terrible récif, le plus terrible de ceux que nous avions vus jusqu'ici. Saisies de vertige, nous roulions vers l'écueil. Je m'échappai, mais notre sœur avait disparu après un grand cri. Elle est peut-être morte.....

Toutes, *sauf Noera*. — Nous n'avons plus d'amour ! Il ne vaut plus de vivre !

Noera. — Que dites-vous ? Quel amour jamais ne fut immortel ? Folles, ne sentez-vous pas votre éternité ? C'est moi qui l'ai perdue, je dois la retrouver. Allons la chercher par les mers lointaines.

Huitième Dialogue

> *Parfois, d'un aveu qui s'élance*
> *J'ai crié combien j'étais lasse,*
> *Puis j'ai compris que le silence*
> *Avait plus de poids dans l'espace.*
>   Cécile SAUVAGE.

Dipsera a été jetée, brisée, sur une terre glaciaire. Ni végétation, ni être vivant. Seul, le Silence, maître du lieu, a pansé ses plaies et l'a soignée, mais il a fait d'elle sa captive.

DIPSERA. — Silence, ô cher Silence ! Ne t'appuie pas si lourd sur ma poitrine ; relâche ta sauvage étreinte, ô Silence, mon seul amant !

LE SILENCE. — Qui veux-tu appeler dans la nuit déserte ? Oublies-tu qu'à moi seul est promis ton aveu ?

DIPSERA. — Silence jaloux, je vais

mourir si tu continues de sceller mes lèvres dans ton hermétique baiser.

Le Silence. — Quelle crainte futile t'agite, âme éternelle? Ne sais-tu pas ce qu'il en coûte de renoncer sa fierté? Va donc, retourne aux cités impures! Jette ton cœur sanglant dans le ruisseau des rues, afin qu'il y pourrisse, et que les foules, ces hyènes dévoreuses des cœurs gangrenés, s'en repaissent en riant de toutes leurs dents.

Dipsera. — Parmi la foule, ô tyran, il est des amis qui verseraient sur mon cœur brisé le baume de leur amour.

Le Silence. — Les amis deviennent des hyènes quand on leur ouvre un cœur qui saigne.

Dipsera. — Silence oppresseur! Comprends-moi! Je ne veux pas clamer ma douleur égoïste; mais il est des âmes qui souffrent ma douleur, et qu'étouffe, non pas toi, le Silence volontaire, mais l'horrible impuissance. Elles ne sont pas comme moi des silencieuses, mais des muettes.....

Et si tu écartais tes bras qui enserrent ma poitrine, je les délivrerais, et elles me remercieraient en pleurant de joie.

Le Silence. — Nulle parole ne délivre, nulle parole ne console, nulle n'atteint les Ames. Seul je leur parle, et les sauve. Par moi elles connaîtront mieux que ta douleur : ta victoire sur la douleur.

Dipsera. — O Silence ! Ma douleur grandit : elle devient l'universelle Douleur ! Laisse-moi pousser le cri terrible, celui du Golgotha, et que l'humanité tout entière en frissonne pendant les siècles des siècles.

Le Silence, *moqueur*. — Ta voix est trop fragile, enfant, pour le cri du Rachat. Elle se briserait, sans que nul l'entendit.

Dipsera. — Alors, ô mon Silence : Prends mes lèvres pour qu'elles demeurent closes, baise mes yeux afin que les larmes ne puissent en jaillir, aime-moi.....

Neuvième Dialogue

> *La religion n'est-elle pas le refuge suprême des âmes blessées?*

Noera et les deux autres âmes intellectuelles, Merimne et Menippa, accompagnées de quelques âmes animales, sont parties à la recherche de Dipsera. Elles se trouvent dans le voisinage d'une ville très peuplée ; une foule de passants se presse sur la route.

Elles arrivent à une croisée de chemins. Une croix s'y dresse, portant l'image du Christ agonisant. Au bas sont inscrits ces vers de Victor Hugo :

Vous qui pleurez, venez à ce Dieu, car il pleure.
Vous qui souffrez, venez à Lui, car il guérit...

NOERA. — Peut-être notre sœur d'amour s'est-elle réfugiée ici.

MERIMNE. — Alors elle est bien perdue pour nous. As-tu oublié nos entretiens au pays du Bonheur? Je ne veux plus retourner à l'Église. Lorsque nous nous y trouvions appelées par un de ces faux devoirs auxquels on obéit par lâcheté, ou parce qu'ils sont insignifiants, représentez-vous les compromis où nous étions contraintes : la rencontre des doigts humectés d'une eau consacrée, tandis que l'une de nos sœurs inconscientes refaisait un geste étudié dans l'enfance, et qu'une autre redisait sans comprendre : Je crois au Père, au Fils et au Saint-Esprit..... Mais j'arrêtais soudain ces paroles mensongères par un tressaillement de révolte, je grondais l'ignorante qui les répétait, et m'affirmais : Non, je ne crois pas à cette Trinité enfantine !

Noera. — Pensée, Verbe, et Vie..... ce sont trois aspects de Dieu.

Merimne. — Dis alors : Je crois en Dieu, soit ! mais non en un Père créateur. Ou bien je n'ai pas eu de commencement, ou bien j'ai une fin et dois mourir.

Menippa. — Tu veux donc comme les autres enfermer le Mystère dans ta petite logique, et comme tous les autres faire tenir l'Océan dans le petit trou creusé pour ta cervelle?

Noera. — Si le Mystère ne peut tenir entier dans ma raison, comment la Foi y entrerait-elle? Il faut qu'elle soit au moins aussi grande que le mystère, pour ne pas laisser place au doute.

Merimne, *continuant*. — Je ne crois pas au Fils incarné. Quelle différence y a-t-il entre cette croyance en l'idolâtrie? L'Esprit ne peut-il aussi bien habiter une statue ou un fétiche que le corps d'un homme? Mais il faudrait des jours et des jours pour énumérer toutes mes révoltes devant ces dogmes. Même en effaçant des Écritures les naïvetés, la science archaïque, les légendes inacceptables, en supprimant toute la lettre de la religion et n'en gardant que l'esprit, je ne puis me rendre à ses principes fondamentaux.

Une ame ecclésiastique *rencontre le groupe*. — D'autres avant toi ont admis ces choses, et ils étaient forts et justes. Crois-les, orgueilleuse! Toi qui es trop faible pour la Sagesse, rapporte-t-en aux plus sages.

Merimne. — Pourquoi, si la Sagesse est là, vois-je d'autres sages qui la nient? Ne devrait-elle pas s'imposer à tous? Je conçois que des esprits vulgaires, mal dégrossis, réclament une initiation. Mais pourquoi l'Église n'a-t-elle pas gagné à elle un Spinoza, un Nietzsche ou un Marc-Aurèle? Pourquoi Descartes, pour continuer de croire, fut-il obligé de fausser sa doctrine, et pourquoi Pascal est-il mort de doute? Pourquoi cette sagesse dite immuable varie-t-elle à chaque concile, et à chaque époque? Pourquoi Pélage fut-il condamné, pour avoir défendu, quelques siècles trop tôt, contre le futur jansénisme, la théorie des Loyolistes? Et puis, je ne demande qu'à comprendre. Pourquoi croyez-vous? Vous ne savez le dire, alors que ceux qui nient expliquent clairement pourquoi ils nient.

Saint-Augustin. — *Crede, ut intelligas.*

Noera. — L'acte de foi est un blasphème

pour qui n'a pas la foi. Mais laissons là les dogmes. Ces arguties sont vaines, ce n'est pas elles qui nous feront retrouver notre sœur disparue.

Elle regarde la croix et achève de lire le quatrain :

Victor Hugo :
Vous qui tremblez, venez à Lui, car Il sourit.
Vous qui passez, venez à Lui, car Il demeure.

Noera. — Oh ! la noblesse de cet amour, et sa puissance ! Oui, c'est vraiment là la doctrine d'amour.

Menippa, *éclatant de rire*. — Ah ! Ah ! Ah ! Galilée ! Ah ! Ah ! Torquemada ! Vanini, la langue arrachée et, parce qu'il hésitait à la tendre au bourreau, celui-ci la saisit avec des tenailles. Ah ! ah ! Jeanne Darc et la foule des hérétiques « traités avec toute la douceur possible et sans effusion de sang..... » regardez fumer les bûchers ? Campanella, enfermé dans cinquante prisons, soumis sept fois à la torture, garrotté avec des cordes serrées qui lui déchiraient les os, suspendu pendant quarante heures les mains derrière le dos au-dessus d'une pointe de bois, puis plongé dans une fosse..... Voilà ce qu'ont fait les missionnaires de ton Dieu d'amour, approuvés hautement par tous leurs coreligionnaires, et qui mieux est par leur conscience. Leur conscience, c'est-à-dire leur Dieu en eux ! Comprends-tu ?

Noera. — Non, ce n'est pas eux le Christ ! C'est à Lui que je veux aller.

Un groupe d'exégètes allemands. — Qui, Lui? Est-il sûr qu'il ait existé ? Quelle preuve en avons-nous? Tous les documents ont été tronqués, tous les témoignages controuvés ; tous les textes sont falsifiés ou faux. Aucune allusion aux événements de sa vie ne se trouve dans les contemporains, sauf dans ceux qui, de l'aveu même des commentateurs, ont été remaniés dans les monastères.

Noera. — Assez! Que m'importe son nom? Qui aurait pu inventer ses paroles et sa vie? Je l'admire comme le plus humain des hommes, le Fils de l'Homme, l'Homme.

Menippa. — Sa vie ? C'est peut-être un beau roman. Il est d'habiles romanciers. Souviens-toi des héros que tu crus splendides et au-dessus des autres hommes, ceux dont la force te parut invincible, et la noble fierté telle que nulle bassesse n'eût pu courber leurs fronts..... et ils se prirent aux pièges les plus grossiers, et la statue majestueuse que leur avait érigée ton culte s'est écroulée en d'autant plus de miettes que le piédestal était plus haut. Ces hommes-dieux, tu les avais divinisés, c'est toi qui les avais créés. N'aurait-on pas de même inventé le Christ ?

Noera. — O démone !

Menippa. — Le Christ, il fut Torquemada, il fut Strauss, il fut Renan, il fut Tolstoï, il sera toi ! Les hommes ont besoin d'adorer ; ils se sont toujours fabriqué des idoles ; toujours il leur fallut des sauveurs, et ils se firent des dieux idoines à leurs besoins et conformes à leur vouloir. Le dieu de cha-

cun vaut selon ce que vaut le chacun.
Ton Christ sera bon ou méchant, selon
toi-même.....

Noera. — Celui-là n'était pas un dieu.
Celui-là fut un Homme, et c'est pourquoi
je veux croire en Lui. Comment aurait-on
imaginé sa parole, alors que jamais on ne
l'a suivie, que jamais on ne l'a comprise ?
Quand a-t-on cessé de se soucier des vivres
et du vêtement plus que de la beauté de
l'âme ? Qui ouvrit jamais sa porte et son
cœur au frère samaritain. et qui, avant de
lapider la femme adultère, pense à interroger sa conscience ? Ah ! s'il était vrai
qu'Il revînt, ne devrait-Il pas dire exactement les mêmes mots ? « Heureux ceux
qui souffrent persécution pour la Justice... » Quelle force donnait aux hommes
cette foi ! Avec quelle douceur ils s'en-
dormaient dans la mort ! Mais qui sont
ceux-ci qui viennent en chantant ?

Une grande foule d'hommes et de femmes,
vêtus à la mode des Hindous, à la démarche
digne et calme, au regard lointain et profond,

dont la vision semble tournée en dedans, pas
sent en procession ; ils se tiennent affectueuse
ment, deux à deux, par les mains. Ils psalmo
dient ; quelques-uns portent des sortes de luths

Chœur des Théosophes. — Il revient
Les temps ont tourné. Le cycle approche
de sa fin. Alors comme aujourd'hui, il
L'attendaient dans leurs cœurs oppressés
aujourd'hui comme alors, nous ahannon
en l'absence du divin, qui est la seule
atmosphère respirable pour l'homme....
Le matérialisme et la débauche nou
empoisonnent de leur pestilence. L
Royaume de Dieu est proche..... Il vient
le souffle de Vie, le Réincarné ! Celui qu
purifie et vivifie ! Il vient apporter l
semence d'amour. Préparez vos âmes pou
accueillir l'Hôte. Il va venir, il va venir
Accourez tous entendre ses paroles
Tremblez de ne pas le reconnaître !

Noëra, *les regardant longuement défiler*
— Il va venir... peut-être soulagera-t-il quel
ques cœurs souffrants ; aujourd'hui comme
alors il fera disparaître quelques lèpres

quelques âmes endormies s'éveilleront, et de toutes leurs rames s'élanceront dans son sillage..... Et puis, tout recommencera, le dogmatisme étroit, l'érection des autels sur les décombres des autels, la refonte des idoles neuves dans la poussière des vieilles idoles..... Et pour peu de temps les marchands sont chassés du Temple.

Mérimne. — Qui appellent-ils le Réincarné ?

Un théosophe s'arrête à la question de Mérimne.

Le Théosophe. — Le Christ est le grand Instructeur qui revient périodiquement éclairer l'Humanité. Il conforme sa doctrine aux temps et aux civilisations nouvelles. Jadis il fut Krichna, puis il fut Jésus, et nous L'attendons. Et peut-être beaucoup d'entre nous l'ont déjà connu, car nos âmes immortelles revivent longtemps dans différentes incarnations avant de s'être affranchies par la vie pure et

l'initiation, des servitudes de la chair e[t]
de l'enchaînement des causes, que nou[s]
appelons Karma.

Noera, *à Merimne qui veut parler.* —
Laisse. A quoi bon les interroger? N'avons
nous pas déjà entendu ces choses? Rappelle-toi nos détours dans les îles platoniciennes et italiques, alors que nous réclamions à grands cris une Vérité. Nou[s]
sommes allées plus loin : nous avons envisagé l'espoir de la survivance, non plu[s]
dans la seule espèce humaine, sur cett[e]
seule goutte d'eau qu'est notre planète[,]
mais à travers les mondes..... Nous avon[s]
vu les lois sûres de l'hérédité et de l'évolution entamer l'intégrité des âmes, et que
si l'on cherche le Moi véritable, la forteresse dernière, dans la désagrégation de[s]
éléments étrangers, l'on ne trouve plus
que le vide. Alors, qui est-ce qui se réincarne? Le Moi d'aujourd'hui n'est pa[s]
celui d'hier, comment serait-il celui de
demain? Et celui d'hier même est-i[l]
immobile? Qui peut m'assurer que dans

l'Éternel toujours présent, toujours mouvant, mon passé seul demeure inaltéré ? Ces croyants qui t'attirent n'offrent pas une solution du Problème. Ils donnent, comme autrefois les premiers Chrétiens, une espérance aux vivants ; et parmi les vivants, comme ceux-là ils seront écoutés des simples de cœur, des pauvres en esprit, des âmes fraternelles, qui bientôt transformeront leurs hypothèses en dogmes. Le ciel et l'enfer sont la pile et la face de vieilles monnaies frustes qui n'ont plus cours ; aussi tes nouveaux croyants balancent-ils devant les numismates affamés de divin, la médaille rendue toute neuve et brillante de leur Karma, l'inévitable enchaînement des causes. Sanction encore, salaire déguisé du Bien, aiguillon à la vertu. Les marchands du Temple ! Quand cessera-t-on, hélas, de vendre le Bonheur et de salarier l'Amour ? Nous qui savons le mirage des sanctions, nous avons appris à nous passer d'elles.

MERIMNE, *regardant les Théosophes qui*

s'éloignent. — Ils sont beaucoup, demain ils seront trop.....

Menippa. — Aujourd'hui les purs, demain les martyrs, après-demain les tyrans. N'avait-il pas raison, le fou de la montagne ? Tout recommence.

Noera. — Rien ne commence, ni ne finit. L'univers roule dans son immense orbite dont il occupe à la fois toutes les parties, et dont il n'y a pourtant pas deux points exactement semblables..... *(Elle s'arrête brusquement)* Ah ! incorrigible ! Je m'engageais encore sur la route sèche de mots et d'idées qui conduit au funeste Archipel. Non, ce que je veux, c'est de la verdure, des fleurs, des chants d'oiseaux ! O ma sœur d'amour ! Comme je fus cruelle et injuste envers toi, comme tu me manques aujourd'hui, et comme je voyais mieux jadis briller ma lumière à travers tes larmes !

Merimne, *suivant d'un regard de regret les calmes Initiés, crie aux derniers membres du cortège.* — Pourquoi vous faut-il des instructeurs et des maîtres ? Pourquoi courez-vous à de nouvelles prisons de la pensée ? Ne pouvez-vous vivre sans chaînes ?

L'âme chrétienne d'une sainte aïeule. — Oh ! les douces chaînes, tu le dis toi-même, que celles de la Foi ! Tu t'endormiras bercée par les ailes des Anges. Tu ne te tourmenteras plus de l'énigme de ta destinée. Il t'aura parlé : tu sauras, tu t'abandonneras dans ses bras aimants.

Menippa. — Sommeil qui ressemble à l'oreiller de Montaigne.

Merimne. — Je ne veux pas dormir, je ne veux pas oublier.

Noera. — Je ne veux pas ne pas comprendre.

Ch. Wagner. — La Vie n'est pas une théorie.

Spinoza. — Ne regardez pas vers la Mort, allez à la Vie.

Noera, *se détournant enfin du Crucifié.* — Ils ont raison, allons à la Vie. Mêlonsnous aux autres hommes, essayons de prendre part à leur action.

MERIMNE. — Le pourrons-nous ?

Elles entrent résolument dans la ville.

Dixième Dialogue

—

*Je n'ai pas besoin d'appui, d'amorce ni
de sanction pour aller au Bien, il me
suffit d'obéir à mon plus beau rêve.*

Andreia, seule, est parvenue aux cimes ennuagées où l'avait appelée la Destinée. Elle s'est affaissée aux pieds de la Solitude.

ANDREIA, *sombre*. — Je suis donc le jouet du Destin, je suis irresponsable.....

LA SOLITUDE, *empruntant la voix du Baghavad*. — L'âme vertueuse ne saurait entrer dans la voie malheureuse.

ANDREIA. — Ainsi je ne puis échapper à ma nature. Mais pourquoi suis-je juste ?

LA SOLITUDE. — Le Bien entraîne le Bien. Tu es la résultante de tout l'effort ancestral vers plus de lumière, qui s'est accumulé dans le même sens à travers les générations. Tu es cette lumière qu'ils cherchèrent, l'inéluctable lumière. Tu ne pouvais être autre, car telle ils te voulurent. C'est leur désir qui t'a créée. Tu es leur plus haut espoir, tu es le dieu qu'ils aimèrent.

Andreia. — Parle encore, ô douce Solitude, ta voix à la fois réveille et console.

La Solitude. — Mais ton désir à toi, pourquoi ne serait-il pas à son tour créateur ? Que ta lumière soit ! Tu te plains de n'avoir pas de dieu ; c'est que tu n'as pas encore créé ton dieu !

Andreia, *ironique et amère*. — Est-ce là ce que le Destin, mon maître, veut de moi ?

La Solitude. — Ton Destin n'est pas ton maître ; il peut être ton esclave. Le Destin, c'est le vouloir de tes aïeux. Sois un Destin ! Sois la force qui crée.

Andreia. — Comment puis-je être un Destin ? Ne suis-je pas prisonnière de toutes les forces ?

La Solitude. — La pierre qui tombe doit tomber. Pourtant, si tu interposes ta main humaine entre elle et la force qui l'attire, cette simple intervention déjouera la formidable puissance de cette force. Ainsi, toi, force humaine, tu es placée entre le Destin et tes actes.

Andreia. — Mais si je suis inéluctable, mes actes ne le sont-ils pas aussi ? Il n'est en eux nulle contingence qui permette de m'affirmer, et je ne les cause pas, je les subis.

La Solitude. — L'enchaînement des faits et des causes, l'ordre logique des phénomènes sont-ils donc pour toi une preuve qui nie la volonté divine ? Ils en sont, au contraire, la manifestation. Ainsi, que la logique de tes actes te soit une preuve que c'est toi qui les as voulus.

Andreia. — Moi ? Ou Dieu ?

La Solitude se tait.

Andreia. — Ah ! le mutisme des divinités devant les questions décisives !

Un long silence, puis :

Andreia. — Oui, tu naîtras, âme de femme que je rêve, que je veux! Sereine et forte, et heureuse, épanouie comme la fleur au milieu du jour! *(Elle retombe).* Ah! que je suis lasse!

La Solitude. — Tu n'es pas lasse d'avoir agi, Andreia, mais de n'avoir pas assez agi.

Onzième Dialogue

*Dans le chaos des formes, je distingue
le Rythme du monde.*

Dans la terre du Silence, Dipsera est maintenant seule avec la Douleur.

DIPSERA. — Mon amie! Grâce à toi je suis plus belle, plus forte et plus grande, et en échange je t'embellis aussi : ton visage, qui me parut d'abord hideux et grimaçant, s'éclaire désormais de la sérénité d'un sourire. Tu as ouvert le cachot où j'étais enfermée, gardée par le jaloux Silence ; et par la porte que tu tenais entrebâillée, j'ai découvert des cieux que j'ignorais.

LA DOULEUR. — Je t'en montrerai bien d'autres, et de plus beaux. Mais il faut me suivre. Cesse de te mirer dans mes yeux ; il est de plus vastes miroirs. Quitte cette terre inclémente, descends dans les plaines, mêle-toi aux autres âmes, fuis ma compagnie.

Dipsera, *l'embrassant étroitement*. — Je n'en veux pas d'autre.

La Douleur. — Alors suis-moi.

La Douleur conduit l'âme d'amour dans la nature parmi les âmes élémentaires. Là, Dipsera écoute les plantes et les ruisseaux, elle s'initie peu à peu à leurs langages, elle entend leurs plaintes et leurs hymnes d'allégresse.

Dipsera. — Comme tout est beau !

Les ruisseaux, les prés, les fleurs, les troupeaux, les bestioles. — C'est pour toi que nous sommes beaux. Aime-nous !

Dipsera. — J'ai tant souffert d'avoir aimé !

La Douleur. — Tu n'as pas souffert d'aimer, ô Dipsera, mais de ne pas assez aimer. Regarde, écoute !

Dipsera. — O fleurs, êtres heureux ! Parmi vous il n'est que beauté, qu'harmonie.

Un liseron, *haletant*. — Oh ! j'étouffe,

je souffre..... Sauvez-moi ! La cuscute me suce de ses mille ventouses.

Dipsera arrache la Cuscute.

Le Liseron. — Merci, âme charitable.

La Cuscute. — Que t'avais-je fait, âme cruelle ?

La Cuscute, toute fanée, se pâme déroulée, et tous ses fils sont catalepsiés, roidis dans une crampe douloureuse.

Dipsera, *relevant la Cuscute*. — Quelle jolie petite plante ! Comme ses fleurettes sont délicates, et de couleur rosée. Il est vrai qu'elle valait aussi de vivre.

La Douleur. — Ame égoïste et vénale ! Est-ce là ton amour ? Celui qui cherche le profit de la beauté ? Est-ce là ta bonté, celle qui condamne la laideur ? Quelle laideur ? Ton goût ne régit pas l'univers.

Elle entraîne Dipsera dans la forêt sauvage. Là, la vie n'est modifiée par nulle loi humaine, nul jardinage savant ne préside à l'éclosion des graines, aussi n'y a-t-il guère que les plantes vénéneuses ou parasites. C'est la lutte formidable et l'horreur du chaos. Les arbres se meurent, étouffés par les lianes, le sol, exhaussé par l'entassement énorme des feuilles pourries, n'est plus qu'un marais pestilentiel où pullulent les insectes et les reptiles. Le soleil ne peut pénétrer, l'atmosphère est irrespirable. Seules, les plus hautes branches des palmiers parviennent à l'air et au jour. Les troncs baignent dans la fange millénaire et ténébreuse. C'est ici le règne de la Force.

Dipsera. — Que d'êtres qui souffrent! Je voudrais arracher l'agneau de la gueule du loup, aux griffes du vautour la colombe.

Les loups et les vautours. — Que t'avons-nous fait? Pourquoi nous hais-tu?

Dipsera. — Je hais les forts. Ma pitié va aux opprimés.

La Douleur. — Pourquoi ce choix dans ton amour?

Dipsera. — Les forts n'ont pas besoin de mon amour.

La Douleur. — L'insecte est fort par rapport à la fleur, il est l'opprimé de l'oiseau; et l'oiseau, qui vit de l'insecte, est la pâture du chasseur.

Dipsera. — O Douleur! Pourquoi maintiens-tu ainsi tous les êtres dans la solidarité du crime nécessaire?

La Douleur. — Afin que ton amour grandisse et qu'il monte, ainsi que les palmiers, au-dessus de la fange, au-dessus de l'injustice et de la haine, au-dessus de toutes les faiblesses et de toutes les hontes, en plein ciel.

Douzième Dialogue

Accomplir la mission présente.

ANDREIA. — J'ai voulu suivre ton conseil, ô Solitude ! Je me suis mise à l'œuvre comme jadis, comme si je croyais encore au Devoir. J'ai repris les travaux coutumiers, et j'ai essayé d'y apporter l'ardeur ancienne. J'ai tâché de m'intéresser aux causes humaines. Et dans cette tentative, je n'ai trouvé ni la sérénité ni la force, mais seulement l'oubli..... pauvre gain ! sans parler de la lassitude. Et il me semble, horrible pensée, que je redescends la montagne.

LA SOLITUDE. — Et quand cela serait ? Il importe moins d'accéder au sommet que de viser toujours, inlassablement, le sommet. Et il importe moins de faire un long chemin que de remarquer, pour en tirer profit, les moindres détails du chemin. Ce n'est pas par bonds que l'on atteint aux cimes, c'est en gravissant pas à pas l'étroit sentier.

Andreia. — Le Devoir présent ! La tâche journalière ! Quelle somme de travail ils exigent ! Et l'on admire ceux qui ne sont que des héros ! Il est facile de marcher au combat, d'entrer dans les flammes, de suivre l'impulsion folle et sublime ! Mais le lent, patient effort toujours recommencé, le sacrifice constant du rêve, le silence imposé à toutes les voix intérieures qui rendaient la vie belle..... car j'ai fait taire non seulement mes sœurs instinctives, celles qui travaillent obscurément et souffrent sans consolation de leurs besoins inassouvis, mais encore ma pensée, mon amour et mon ambition. O Noera, Dipsera, Merimne, où êtes-vous ?

La Solitude. — Plus près que tu ne crois.

Andreia. — Non. Elles me torturaient.

Je les ai chassées; je ne voulais plus les entendre. Et pourtant je les aimais ! Et maintenant je vis comme une instinctive, obstinée à la tâche que je me suis imposée, et je regrette le temps où ma pensée côtoyait les abîmes, où ma nostalgie m'entraînait vers les « ailleurs » chimériques, où mon cœur, comme une plaie vive, souffrait de tous les attouchements. J'ai détruit tout ce qui donnait du prix à la vie, elle ne me réserve plus rien. Seule je reste, insensible et indifférente.....

La Solitude. — Tu suffis. Ne désarme pas. Et qui sait si ta pensée et ta tendresse, que tu crois mortes, ne sont pas toutes proches et ne grandissent pas dans l'ombre et le silence, à ton insu ? Peut-être que tu les guides mieux que jamais, en renonçant à elles.

Treizième Dialogue

Réformer le monde selon mon rêve, avoir confiance en moi, c'est-à-dire en l'Éternité.

Les âmes intellectuelles, dans la ville, font la rencontre de toutes les douleurs. Elles visitent les hôpitaux, les prisons et les maisons closes. Elles sondent les plaies des corps et des âmes, et voient partout inégalité et désordre. Elles assistent aux petits calculs risibles, aux mesquines jalousies, aux vanités puériles. Elles regardent s'embrouiller l'écheveau des complications et des méprises, elles entendent les plaintes de tous ceux qui se croient victimes du sort, et qui seraient heureux s'ils savaient qu'ils le sont. Les bons exploités par les méchants, les méchants irresponsables... les bons souffrent par les méchants, et les méchants par eux-mêmes... et les bons ne s'aperçoivent pas de leur immense fortune, qui consiste à valoir mieux que les méchants.

Noera évangélise. Elle tente de réconcilier les hommes avec les hommes, les hommes avec la Vie. Elle explique et rayonne, mais se heurte presque partout à l'incompréhension, quand ce n'est pas à l'hostilité. Elle vient de porte en porte, les fleurs plein les bras, et on la chasse à coups de pierre, avec des rires moqueurs. Merimne entraîne le groupe un instant hors de la ville.

Noera. — Pourquoi m'emmènes-tu loin du tumulte ? Laisse-moi. J'ai encore tant à voir, tant de maux que j'ignorais !

Merimne. — A quoi bon cette pénible initiation ? Comprenons-nous davantage ?

Noera. — Oui, je crois comprendre.

Menippa. — Oublies-tu ton masque ?

Noera. — Mon masque, comme tu dis, c'est la façon dont je me représente le monde. Oui, le monde est illusion, mais tous les hommes portent un masque semblable au mien et partagent avec moi l'illusion.

Menippa. — Ote ton masque. Verras-tu encore les autres ? Qui t'assure de leur existence ? Ne les as-tu pas imaginés aussi ? Crois-tu les connaître comme ils sont ? Et sont-ils ? Tu les vois, les entends, les touches, est-ce là ta réalité ?

Noera. — Peut-être, en effet, je les crée comme le reste. Cette vie terrestre ne consiste-t-elle pas à créer l'illusion du monde? Autrefois l'on disait que c'était Dieu le créateur; or la création recommence à chaque naissance, et il est autant d'univers que d'âmes.

Menippa.. — Ah! ah! que ne fais-tu le monde et les hommes plus beaux?

Merimne. — Pourquoi alors souffrir par eux?

Noera. — N'est-ce pas de mon imperfection que je souffre? Pour embellir mon illusion, je veux être plus belle.

Merimne. — Mais ce n'est pas toi qui as créé l'injustice! Pourquoi la destinée des uns est-elle de souffrir, alors que d'autres ont dans leur lot toutes les conditions extérieures de bonheur?

Une ame animale, *répétant sans la comprendre une phrase entendue*. — Ils sont nés sous une mauvaise étoile.

Noera. — On n'est pas sous une étoile, on est une étoile, ou l'on n'est pas. Rien ne vit que la lumière.

Merimne. — Alors l'ombre?

Noera. — L'ombre n'est que moins de

lumière, et elle est la preuve de la lumière.

Merimne. — Mais où est la Lumière ? Où la Justice ? Où le Bien ?

Noera. — En moi.. C'est ma révolte contre l'Injustice qui est le Bien, et sans l'injustice comment me révolterais-je ?

Merimne, *ironique*. — Alors le monde est parfait ; la proportion du Bien et du Mal est si exactement calculée qu'il n'y faut rien changer.

Noera. — Le propre de la Lumière est de dissiper l'ombre. Le mal n'est pas dans le monde pour que je l'accepte, mais à seule fin que je m'en indigne.

Merimne. — Ainsi tu reconnais un But à ton existence, et peut-être une cause à cette tâche ?

Menippa. — Toujours des causes et des buts, des commencements et des fins !

Noera. — Limites humaines, humaines nécessités. Dans l'absolu, il n'est pas de causes, puisque pas de durée : rien n'est antérieur ; et puisqu'il n'est pas de distance, pas non plus de but : rien n'est plus lointain.

Merimne. — Soit, mais nous, nous sommes enchaînées dans la prison déterministe comme dans nos trois dimensions terrestres ; si le ciel, ce couvercle, pouvait se soulever, et nous laisser entrevoir l'éther ! J'étouffe ! Je voudrais que ma pensée n'entraînât pas à sa suite, inévitablement, une autre pensée, que mon acte ne précédât pas nécessairement sa conséquence. Alors je serais dispensée de chercher le but de mes pensées et de mes actes, et la cause de leur succession.

Noera. — L'éther est plus vrai que le ciel. — Celui qui ne verrait de l'homme que sa projection dans un plan dirait : cet être n'est point adéquat à ses fonctions dans l'univers. Attends pour juger Dieu, que nous voyions plus clair, car notre raison n'est pas la raison divine, elle n'en est que la section, ou l'arête. Et laisse-moi remplir ma tâche humaine de clarté.

Merimne. — Si Dieu existe, il existe seul, je n'existe pas.

Noera, *tremblante*. — Tais toi !

Merimne. — Je suis relative ! Je suis finie et pourtant imparfaite ! Je ne suis pas.

Noera troublée garde le silence.

Shakespeare. — Être ou ne pas être, voilà la question.

Une voix. — Ne cherche pas, tu trouveras.

Lamennais. — Il faut vivre de foi, ou mourir.

Menippa. — Encore la foi ! Vas-tu encore te prosterner aux pieds des idoles creuses ? Recommencerons-nous perpétuellement d'échapper à cette tentation ?

Noera. — Je n'ai plus foi ni dans les dieux-hommes, ni dans les hommes-dieux.

Merimne. — Alors en qui avoir foi ? En quoi ?

Noera. — Et pourtant je veux vivre ! Vivre, c'est avoir foi. Sans la foi, je ne puis ni faire un pas, ni rester en place ; car dans le premier cas le sol va s'entr'ouvrir, dans l'autre le ciel me tombera sur la tête. Chacun de mes actes est un acte de foi.

Merimne. — Foi est synonyme d'ignorance ; et moi je veux savoir pourquoi le ciel ne tombe pas, pourquoi le sol résiste.

Menippa. — Nous ne pouvons attendre. Vivons d'abord : Une foi provisoire est nécessaire.

Merimne, *dédaigneuse*. — Provisoire ?

Menippa. — Sans doute. Nous pouvons faire crédit à l'Éternité.

Merimne. — Comment accepter ce que naguère nous repoussions avec horreur ? Ne vois-tu pas que tu reviens au niveau des moutons, de ceux qu'on nourrit de pensées toutes faites, que l'on gave de phrases sonores ? Qu'as-tu donc compris dans la Ville ?

Noera. — Que la vie est belle, et que je veux vivre.

Menippa. — Enfin !

Merimne, *méprisante*. — Abandonne-toi donc à la Providence, âme pieuse et docile !

Noera. — Ce n'est pas en la Providence que j'ai foi, c'est en moi.

Merimne. — Qui ? Moi ?

Noera, *hésitante*. — O Merimne ? Si nous ne nous connaissions pas ! Si au-dessus d'Andreia elle-même, un autre Moi, un Moi inconnu et qui n'existe pas encore, nous contenait toutes ! Si notre recherche, notre déchirement, nos querelles, n'étaient qu'un travail de dégagement, et si ce Moi était l'Absolu !

Merimne. — Que dis-tu ?

Noera. — L'archet d'abord effleure la corde, mais produit un son tremblant, inharmonieux, formé de mille sons ; puis le son s'épure, s'étale, et devient plein et vrai. Ainsi nous deviendrons une seule âme, un seul Moi, musique et lumière, harmonie.....

Merimne. — Dieu alors ? C'est toujours le même cycle infernal ! Si je suis Dieu, je ne suis plus Moi. Si je suis Tout, je ne suis plus rien !

Noera. — Il n'est pas d'atomes..... Chaque monade est un système planétaire, et chaque système est une monade. Pas d'un qui ne soit plusieurs, pas de pluralité qui n'ait sa conscience individuelle..... car la pluralité est une unité qui se réalise, et c'est alors la Vie ; et l'Un à peine réalisé s'écrie : « Si j'étais plusieurs ! » et c'est la Mort, la descente dans la Vie nouvelle. Vivons ! vivons ! L'Infini n'est pas immobile. L'Infini est un système de *moi* qui roule dans son orbite sans centre. Vivons ! vivons ! Cherchons la Vie au sein des apparences, emplissons-nous de vie absolue, élargissons-nous afin que notre Moi devienne, et qu'il soit l'Infini !... Mes sœurs, vous vous taisez ! Aurais-je enfin résolu tes doutes, Merimne ? Et toi, Menippa, ne trouves-tu plus rien de grotesque dans le visage de ma Chimère ?

MERIMNE. — Crois-tu avoir fait toi-même un Système ? Crois-tu avoir découvert l'Ile ? Crois-tu avoir ouvert une porte ?

NOERA. — Je ne crois rien. J'espère.

MERIMNE. — Puisque, si nulle certitude

n'affirme, nulle n'a permis l'absolue négation, c'est peut-être que la Vérité est dans l'espérance ?

Menippa, *montrant la mer*. — La chose grotesque, la voici. Nous sommes encore une fois revenues au point de départ. Espoir, Effort, Ignorance, telle est la Trinité humaine, toute la morale, toute la destinée de l'homme. Tant de souffrances et de détours pour atteindre au même rivage !

Noera. — Quelque chose est changé. Nous ne nous haïssons plus.

Quatorzième Dialogue

Noera. — Et regarde! Déjà n'est-ce pas la chère disparue?

La Douleur a amené Dipsera sur une plage très fréquentée ; elle observe, sans haine et sans mépris, la foule oisive d'où naîtront plus tard de grandes âmes, limon d'où il faut que l'esprit s'élabore. Elle écoute la voix des vagues, symbole de l'Éternité qui roule.

La Mer. — O Dieu! cœur du monde!

Dipsera. — Moi aussi, je suis le cœur du monde.....

J'entends maintenant le flux et le reflux des Êtres.... L'Infini est un cœur qui bat. Systole : chaque artériole se contracte et tend à se détendre, c'est l'effort, l'aspiration, le devenir, la montée du rêve, l'inassouvissement éperdu, c'est la souffrance et c'est le Mal..... Diastole : chacune se détend et se réalise, c'est le repos, la béatitude. Mais aussitôt (et qu'importe le nombre de millénaires que représente cet « aussitôt ? ») tout se contracte à nouveau et alors recommence..... Car au fond de tout, il n'est pas d'étendue, ni de pensée, ni de mouvement, rien que de l'énergie qui se cherche et se trouve alternativement, depuis toujours. jusqu'à toujours......

Noera, *répondant de la falaise*. — Et chaque Monade se réalise, une à la fois et innombrable, pour se disperser ensuite et se chercher à nouveau. Et du désir innombrable est faite la Vie, splendide aspiration, œuvre sublime qui ne s'achève jamais que pour recommencer. La vie est l'alternance du devenir et du parfait, et l'arrêt n'est qu'une phase du mouvement perpétuel. L'évolution entière d'un système d'astres n'est qu'une pulsation de l'Infini.....

Des enfants jouent. Dipsera s'amuse à suivre leurs jeux. Le ciel est très bleu, le soleil étend sur la mer une large nappe de lumière. Soudain, elle se sent, elle aussi, éclairée, étreinte par la lumière. Et cette lumière est Noera.

Noera. — Est-ce toi, ma sœur que j'ai tant cherchée ? Combien transformée, combien plus belle !

Dipsera. — C'est bien toi, chère lumineuse ! Comment nous sommes-nous rejointes, ayant pris des chemins si divers ?

Noera. — J'ai fait comme le soleil. Au lieu de chercher la lumière, je l'ai répandue. La Vérité, elle ne s'apprend ni ne se démontre. On la possède quand on l'aime. J'ai aimé.....

Dipsera. — Et moi j'ai compris. Je croyais aimer, et j'étais enfermée dans ma coquille, ignorant le reste du monde. Le véritable Amour est une Intelligence.

Le voile qui les cachait à Andreia se déchire ; elle les aperçoit enlacées, indiscernables.

Andreia. — O ma Pensée qui es Amour ! O mon Amour qui es Pensée !

L'Inconnue, voilée, apparaît dans une vapeur lumineuse.

Andreia. — Qui es-tu, divine ?

L'Inconnue. — C'est moi qui t'ai guidée vers le But par les chemins escarpés du sacrifice.

Andreia. — La voix de ma Solitude !

L'Inconnue a Dipsera et a Noera. — C'est moi qui vous ai réunies, conduisant l'une vers l'autre à travers la forêt de la Douleur et la cité de l'Expérience.

Dipsera. — Amie ! Je reconnais tes inflexions graves. Tu fus ma Douleur, par qui j'ai grandi.

Merimne, *à l'Inconnue*. — Qui donc es-tu ?

L'Inconnue, *se dévoilant à Merimne*. — Toi-même. Sois.

Elle disparaît.

Merimne, *tombant à genoux*. — Oh ! devenir, devenir, devenir !

Être, être, toujours plus être !

Vivre, vivre, toujours plus vivre !

Mettre en moi toute la souffrance du monde, qui est moins de vie, pour la transformer en Être !

Jamais assez de joie, jamais assez de souffrance, jamais assez de vie !

Menippa. — Puisque je ne sais rien, c'est que tout est vrai !

Chœur des ames réunies. — O Maïa, illusion décevante, je ne te crains plus ! Tu ne m'envelopperas plus dans tes voiles nuancés, qui étouffent et qui aveuglent. Je les ai rejetés loin de moi, je les foule à mes pieds dans ma danse joyeuse. Légère, je m'élance, splendidement nue, étreignant l'Espace.....

Accourez en moi, fondez-vous en moi, douleurs humaines ! Je veux tout connaître et tout vivre.

Tout est moi, je puis être tout.

Tout est Dieu, je suis Dieu en puissance.

Oh ! la splendeur de vivre ! Vivre, c'est monter vers la Vie, vers toujours plus de Vie !

Oh ! l'allégresse de se sentir immense, et d'être soi-même la Lumière et la Vie !

TABLE DES MATIÈRES

Dialogues intérieurs 7
Présentation. Premier dialogue 8

PREMIÈRE PARTIE

DOUTES

Deuxième dialogue 17
Troisième dialogue 43
Quatrième dialogue 61
Cinquième dialogue 65
Sixième dialogue 74

DEUXIÈME PARTIE

ESPOIRS

Septième dialogue 79
Huitième dialogue 84
Neuvième dialogue 84
Dixième dialogue 99
Onzième dialogue 103
Douzième dialogue 108
Treizième dialogue 111
Quatorzième dialogue 121

IMPRIMERIE NOUVELLE L'AVENIR
===== Association Ouvrière =====
4, Rue du Pont-Cizeau et 1, Rue du Rivage
===== NEVERS =====
===== Téléphone 3-31 =====

www.ingramcontent.com/pod-product-compliance
Lightning Source LLC
Chambersburg PA
CBHW060159100426
42744CB00007B/1097